RETRATO DO AMOR
QUANDO JOVEM

DANTE
SHAKESPEARE
SHERIDAN
GOETHE

RETRATO DO AMOR QUANDO JOVEM

Projeto e tradução
Décio Pignatari

Copyright © 1990 by Décio Pignatari

Capa
Jeff Fisher

Preparação
Márcia Copola

Revisão
Renato Potenza Rodrigues
José Muniz Jr.

Dados Internacionais de Catalogação na Publicação (CIP)
(Câmara Brasileira do Livro, SP, Brasil)

    Retrato do amor quando jovem : Dante, Shakespeare, Sheridan, Goethe ; projeto e tradução Décio Pignatari. — São Paulo : Companhia das Letras, 2006.

    Textos bilíngües de Sheridan e Goethe.
    ISBN 85-359-0931-1

    1. Amor na literatura 2. Literatura — Coletâneas I. Pignatari, Décio, 1927-.

06-7565   CDD-808.80354

Índices para catálogo sistemático:
1. Amor : Literatura : Coletâneas 808.80354
2. Antologias : Amor na literatura 808.80354

2006

Todos os direitos desta edição reservados à
EDITORA SCHWARCZ LTDA.
Rua Bandeira Paulista, 702, cj. 32
04532-002 — São Paulo — SP
Telefone: (11) 3707-3500
Fax: (11) 3707-3501
www.companhiadasletras.com.br

I am mine and yours — the rest be all men's.
ROBERT BROWNING, One word more

SUMÁRIO

Apresentação *9*

Dante Alighieri, *Vida nova* *15*
William Shakespeare, *Romeu e Julieta* *111*
Richard Brinsley Sheridan, *Os rivais*
    (*interinvenções da sra. Malaprop...*) *219*
Johann Wolfgang von Goethe, *O diário* *239*

Sobre o tradutor *259*

APRESENTAÇÃO

Aqui estão quatro projeções literárias do amor jovem, num arco de meio milênio, que vai da espiritualidade quase abstrata de Dante, na sua divinização de Beatriz, até a carnalidade cômico-grotesca de um Goethe maduro, passando pela graça e desgraça dos jovens de Verona, vitimados pelos rancorosos interesses dos mais velhos, e pela sátira a esses mesmos velhos, na escrita de um jovem de 23 anos do século XVIII, Sheridan.

Neste panorama, as mulheres dominam a cena, quer positiva, quer negativamente: Beatriz, Julieta, sra. Malaprop; mesmo no caso de Goethe, a mulher amada, ausente, comanda as ações. E as histórias, reduzidas ao mínimo, são bem singulares. Beatriz, morta aos 24 anos, há sete séculos (1290), não amou Dante — mas este a colocou ao lado da Virgem Maria, sem que tivesse sequer tocado a sua mão; Romeu, mal-amado aos dezesseis anos, incendeia-se pela sua Julieta de catorze, que por ele também pega fogo — e toda a sua felicidade se consome numa única noite de amor; a sra. Malaprop, insatisfeita, não se realiza senão em delirantes discursos intelectualóides, mas busca impedir a realização amorosa da sobrinha sob sua tutela; e a personagem goethiana, tendo tudo para consumir numa estalagem, não se consuma.

Na teoria e prática do *amor cortês* medieval, um homem de classe, bem-educado, um gentil-homem, precisava ter um amor celestial, representado por uma mulher inalcançável, embora pudesse ter inúmeros amores carnais terrenos (Dante e Beatriz — cada qual de seu lado — casaram-se e tiveram filhos). Esse é o mundo que Cervantes vai satirizar, nostalgicamente, com seu dom Quixote — e que o freudiano Lacan, em nossos dias, vai exaltar. Trata-se de um código amoroso de e para uma classe restrita, envolvendo a alta burguesia e a nobreza. Para começar, os seus aspirantes, tanto masculinos como femininos, precisavam saber ler e escrever, o que, por si só, já era uma raridade, num mundo composto de 90% de analfabetos. Para Dante e Lacan, amor e linguagem se suscitam mutuamente, seja no nível puro da libido, seja no âmbito sócio-sexual. O próprio Dante conta, aqui, que o *dolce stil nuovo*, o movimento poético que ajudou a criar, nasceu da necessidade de elevar a um status nobre a língua vulgar, falada pelo povo, pois as mulheres já não entendiam o latim: da língua vulgar nascia a nova linguagem do amor, dando continuidade, na Itália, à tradição criada na Provença pelos trovadores da *langue d'oc*, a língua do *sim* dessa região, em oposição à *langue d'oil*, a língua do *sim* da região ao norte do rio Loire.

Na tradição popular italiana, costuma-se inverter os nomes dos desventurados namorados de Verona: Julieta e Romeu. De fato, a peça é assimétrica quanto ao balanceamento da presença dos heróis principais: basta dizer que os Montéquios, família de Romeu, nela têm comparecimento mínimo. Romeu está sempre se lamentando, Julieta tem delineamentos mais decididos. De outra parte, é bastante simétrica em seu claro/escuro: embora os três primeiros atos sejam longos e os dois últimos breves, a mudança de um registro para outro situa-se exatamente no meio, na cena da morte de Mercúcio, início do 3º ato. Na primeira parte, a mocidade, sua festa, sua farra; na segunda, até os jovens envelhecem. Mas o que eu mais desejo dizer aqui, a título de indagação e instigação, é o seguinte: poucos brasileiros leram, de fato, *Romeu e Julieta*; digo mais: muitos que a leram não a leram... É que as traduções em português mais têm ocultado do que revelado o que se passa sob as suas roupagens e sob a sua linguagem, tal a convencionalidade das soluções, sem que se apaguem totalmente os seus méritos, especialmente os do trabalho de Onestaldo de Pennafort, com soluções e partidos muito positivos. Tal como técnicas modernas podem revelar aspectos inusitados ou reavivar de modo surpreendente obras de arte antigas, assim pode operar uma tradução de intenções reveladoras.

Não busco inovar, mas sim revelar. Afinal, *Romeu e Julieta* é meu *rosebud* orsonwellesiano, desde que assisti e reassisti, aos catorze anos de idade, numa cidade do interior paulista, ao magnífico filme de George Cukor.

Não são as peripécias (verbais) do duplo casal de jovens namorados, num balneário inglês do século XVIII, que fizeram a fama de Sheridan e de sua peça *Os rivais* — e sim o fato de, aos 23 anos de idade, invertendo os sinais e revertendo as expectativas, satirizar a geração mais velha, particularmente na personificação da sra. Malaprop, a pedante intelectual ignorante, melhor dizendo, pseudo-intelectual da classe média mais ou menos alta, dentro da melhor tradição das *blue stockings*, aquelas mulheres chatas de meias azuis que alimentavam, nos salões, elevadíssimas fofocas culturais... Mas acho que vale a pena chamar a atenção do leitor para o fato de, nesse período, o teatro mostrar pouco e dizer muito, pois todo mundo sabia o que se fazia por detrás e além das palavras. Hoje, a televisão mostra (quase) tudo, mas ninguém sabe o que faz ou diz. Nada contra a televisão, mas tudo contra o consumismo televisual e de todas as demais mídias.

Já Goethe reinverte os sinais. Seus poemas eróticos da maturidade, depois de sua viagem à Itália, a desfrutar das benesses de sua alta posição burocrática e política no ducado de Weimar, são às vezes excluídos de suas "obras completas". Em *O diário*, publicado numa pequena coletânea de 1809, ele exalta a carnalidade jovem e jovial, ao mesmo tempo que resgata essa ânsia real por um prazer irreal, ou o prazer do futuro no prazer do presente. Foi Goethe quem criou o primeiro modelo do amor tragirromântico, com seu romance *Werther* (publicado em 1774, um ano antes de *Os rivais*, de Sheridan: comparem-se os estilos, para que se perceba a revolução romântica, em relação ao classicismo — ou seja, da burguesia em relação à monarquia), modelo que persiste até hoje, em plena revolução industrial eletroeletrônica. Ele não o nega, aqui, nesta visão erótico-grotesca de *O diário*, nem o negará na visão metafísico-delirante do *Segundo Fausto*. Enfim, o amor é coisa mental. Ou, como diria Colette: "Esses prazeres, que chamamos *físicos*...".

O amor jovem pré-cristão e não cristão fica para ser armado por alguém; igualmente, o amor jovem do romantismo aos nossos dias, com material inumerável, em todas as mídias. Limitei-me a armar um arco seqüencial entre esses enormes ambos.

Corto as raízes e o topo dos eruditismos, neste trabalho — que erudito não sou, nem muitos há de verdade por estas pobres e imensas terras. Mesmo porque, por estas partes, já mais ninguém sabe grego ou latim, e o tupi é uma utopia. Isso de grego e latim é com os dinamarqueses, alemães, ingleses, franceses, americanos... Algumas notas necessárias, na parte dantesca, esclarecem ou atiçam o interesse do leitor mais curioso, e, em cada uma das quatro partes, há uma introdução informacional, destinada a situar a obra e seu autor. Mas devo dizer que sistematizo a *língua do você*, essa espécie de *langue d'oc* do universo lusófono. Especialmente nas obras cênicas, trago a fala à escrita, operando na brecha criativa que pulsa entre a norma culta e a norma vulgar, entre a palavra falada e a escrita; metrifico o coloquial, aproveitando o embalo do seu ritmo próprio.

Quanto à técnica, pouco haverá nela que um leitor sensível não perceba, ou a deguste/desgoste sem percebê-la, ou que um estudioso não possa apreciar, aprofundar ou criticar. Em Shakespeare, influo-me dele, em todas as suas geniais irregularidades, entre uma "shakinspiração" e uma "shakispiração". Emprego algo assim como uma métrica deslizante, entre dez e doze sílabas, com acentos e rimas flutuantes: hiatos e rubatos devem ser corrigidos pela fala, pois procuro trabalhar mais na duração do que na acentuação (mas isto não é álibi para imperfeições).

Dependendo da situação, através da linguagem-túnel-do-tempo, ora levo o leitor mais para lá (passado), ora mais para cá (presente). Talvez, assim, possa ele chegar-se um pouco mais à linguagem, possa a linguagem chegar-se um pouco mais a ele, signo/vida. E possa um tal presente instigar um futuro: não temos tradição de teatro em versos — e as artes cênicas, em prosa ou multimídia, poucas vezes chegam ao poético superior.

Em nossa tradição sonetística, impera Camões: é o que aplico a Dante, com recursos de outros períodos dessa longa tradição, juntamente com o decassílabo. As rimas dantescas são relativamente pobres — e a melodia dos versos também; mas o significado é fugidio: busco capturá-los por vias um pouco mais esforçadas. É que a fisiologia e a filosofia dos tempos medievais às vezes nos escapam: a idéia de *fluidos*, tal como circula hoje, numa diluição paracelsista de espiritualismos orientais e ocidentais, ajuda um pouco a compreendê-las: por isso, lanço mão dela. Mas o principal é explicado pelo próprio Dante. E a oitava-rima, em decassílabos, de Goethe, é a mesma de Tasso, Camões e Byron (em seu *Don Juan*): sigo a tradição.

Há sempre alguma coisa aquém e além da linguagem: mas só há vida nos três.

AGRADECIMENTOS

A Nelson Ascher, que obteve para mim a versão original de *O diário*, de Goethe, com a tradução acadêmica de John Frederick Nims (de quem eu conhecia a versão publicada na *Playboy* americana), e que me instigou a traduzi-lo, dando início ao processo que levou ao atual projeto e sua realização; ao prof. dr. Willi Bolle, da USP, que corrigiu minha primeira versão literal desse poema e me deu sugestões valiosas; a Erthos Albino de Souza (*in memoriam*), por algumas valiosas indicações bibliográficas, e a Camila de Castro Diniz Ferreira, pela pesquisa de textos, correção de originais e empenho na solução de questões práticas.

Os poemas da *Vida nova*, de Dante; os fragmentos de *Os rivais*, de Sheridan, e *O diário*, de Goethe, são também oferecidos em seus textos originais, para facilitar o cotejo do leitor, considerando-se que se trata de textos de acesso relativamente difícil.

Dante Alighieri
VIDA NOVA

Dante Alighieri (1265-1321) é o coroamento literário católico supremo daquela cultura que se vinha formando na bacia do Mediterrâneo, durante e após a conquista romana, e que dará início à chamada Idade Média. Nos encontros e desencontros lingüísticos, formavam-se as *línguas vulgares*, línguas faladas pelo povo — e também pelos intelectuais; estes, porém, na escrita, expressavam-se em latim, seguindo a tradição e o império da Igreja. Só lentamente, a começar pela prosa, as línguas vulgares começaram a manifestar-se pela escrita. De outra parte, a poesia clássica, grega e latina, não era rimada; a Igreja, aos poucos, foi substituindo em seus cânticos religiosos as declinações declinantes pelas rimas e pelas métricas breves, para facilitar a participação das massas analfabetas (tal como hoje adota as línguas nacionais em seus ofícios religiosos). Nunca é demais lembrar que, na Florença dantesca, por exemplo, apenas uns 10% sabiam ler e escrever; nesses 10%, as mulheres entrariam, aí, com cerca de 1%. O primeiro florescimento escrito do *vulgar* começou com os trovadores provençais e com a sua *langue d'oc*. O rebatimento da *langue d'oc*, na Itália, é a *lingua del sì*, o toscano daqueles tempos e de hoje, só que hoje é chamado de italiano. Com seus amigos contemporâneos — alguns mais velhos, como Guido Guinizelli (1240-74), a quem chamou de *sábio*, ou Guido Cavalcanti (1255-1300), a quem chamou de *mestre*; ou mais novos, como Cino da Pistóia e Gianni Lapo —, revolucionou a língua e a linguagem de seu tempo com o *dolce stil nuovo*, o doce estilo novo que fez a sua glória e a de seus companheiros — além de ajudar a fundar uma nação e uma cultura múltipla. O fato de haver escrito, em latim, sobre a língua vulgar ou popular (*De vulgari eloquentia*) mostra bem a divisão dos repertórios culturais desse momento de formação — repertório que tem, obviamente, reflexos sociais. O adjetivo *gentil*, por exemplo, nada tem a ver com o seu significado atual, em português, estando mais para a acepção de *nobre*, como se pode ver ainda em Camões. Dante se dirige à alta burguesia florentina, especialmente às moças de sua própria classe (como a própria Beatriz), que sabiam ler e escrever. Embora opte pela escritura abstrata (nomes quase não são mencionados), transparecem, aqui e ali, costumes de sua época e de sua cidade. Exilado por questões políticas (era alto funcionário da república florentina), morreria em Ravena, no exílio. Ao longo de vinte anos, perambulante, escreveria a sua obra maior e uma das maiores de toda a cultura humana, *A divina comédia*, conseqüência inimaginável do seu amor por Beatriz.

Texto básico: *Vita nuova*, em *Opere di Dante Alighieri*, 4ª ed., Milão, Ugo Mursia Ed., 1967; a primeira edição é a dos setecentos anos do nascimento do poeta, 1965; organização e notas de Fredi Chiappelli.

Textos de apoio, traduzidos: *a*) *The new life*, tradução de Dante Gabriel Rossetti, em *The portable Dante*, Nova York, The Viking Press, 1947; organização e notas de Paolo Milano; *b*) *Vida nova*, tradução de Paulo M. Oliveira e Blásio Demétrio; prefácio e notas de Antonio Piccarolo; Rio de Janeiro, Athena Ed., 1937; *c*) *Vida nova*, do Pe. Vicente Pedroso, em *Dante Alighieri/Obras completas*, São Paulo, Ed. das Américas, 1958; *d*) *Vida nova*, tradução de Carlos E. do Soveral, Lisboa, Guimarães Ed., 1984.

VIDA NOVA

1

Naquela parte do livro da minha memória na qual pouco se poderia ler, acha-se uma rubrica que diz: "*Aqui começa a vida nova*".¹ Sob ela vejo escritas aquelas palavras que pretendo reunir neste livrinho; se não todas, ao menos o seu conteúdo.

2

Desde o meu nascimento, nove vezes o céu de luz havia retornado ao mesmo ponto, em seu giro, quando aos meus olhos surgiu, pela primeira vez, a senhora gloriosa da minha mente, que por muitos foi chamada de Beatriz, mesmo antes de a conhecerem pelo nome.² Ela já estava nesta vida terrena tanto tempo quanto tempo leva o céu estrelado a mover-se um duodécimo de grau³ em direção ao oriente, de forma que mal completara nove anos quando apareceu diante de mim — e eu assim a via ao final dos meus nove anos.

Como era distinto, humilde e honesto aquele encarnado de seu vestido, com cinto e adereços adequados aos seus poucos anos! Naquele momento, devo dizer que o espírito da vida,⁴ que habita a mais secreta câmara do coração, começou a agitar-se tanto que se manifestava de modo terrível em minhas menores pulsões e pulsações; e foi assim, a tremer, que disse estas palavras: "Aí está um espírito mais forte do que eu e que vem dominar-me".⁵ Foi então que o espírito animado, que habita a alta câmara onde se abrigam as percepções de todos os espíritos sensitivos, sentiu-se tomado de maravilhoso espanto e, dirigindo-se particularmente aos espíritos da visão, disse estas palavras:

"Esta aparição é a sua salvação encarnada".⁶ Neste ponto, o espírito natural, que habita aquela parte onde se ministra o nosso alimento, começou a chorar, dizendo: "Pobre de mim, que muitas interrupções terei de suportar!"⁷

Dali em diante, o Amor tomou conta da minha alma, que logo se dispôs a desposá-lo: em relação a mim, foi ganhando tanta firmeza e poderio, pela virtude que lhe transmitia a minha imaginação, que nada mais me restava senão atender aos seus menores desejos. Ordenava-me, muitas vezes, que eu fosse ver aquela menina-anja: saía à sua procura e muitas vezes a vi, quando menino; sua nobre figura e sua louvável conduta me levavam a dizer as palavras de Homero: "Não parecia filha de gente mortal, mas de um deus".

Embora a sua imagem, que sempre estava comigo, pudesse parecer um orgulhoso triunfo do amor que me dominava, revestia-se ela de uma virtude tão nobre que jamais consenti que o Amor de mim se apossasse sem o fiel conselho da razão, naquelas coisas onde fosse conveniente ouvi-la. Mas, como delongar-me sobre ações e paixões de tão verde juventude pode parecer um divagar de fábula, deixo isto de lado e, passando por cima de muitas coisas nascidas de um tal falar, volto-me para aquelas palavras que estão escritas na minha memória em letras e parágrafos maiores.

3

Passados que foram tantos dias quantos os necessários para completar nove anos da data da primeira aparição da mais que graciosa, no último dia dessa conta aconteceu que essa mulher prodigiosa surgiu diante de mim em vestes alvíssimas, entre duas moças gentis, um pouco mais velhas;⁸ e, passando por uma rua, volveu os olhos para a direção onde eu me encontrava a tremer: graças, porém, à sua gentileza inefável, que hoje é louvada na vida eterna, cumprimentou-me tão virtuosamente que, naquela saudação, julguei ver todas as expressões da santidade. Era, sem dúvida, meio-dia, quando me atingiu aquela saudação tão doce; e, como era a primeira vez que as suas palavras se moviam em direção aos meus ouvidos, fui tomado de um tal langor que, como inebriado, afastei-me da companhia das pessoas e me recolhi a um canto ermo dos meus aposentos, onde pudesse pensar na mais que gentil. E, pensando nela, fui tomado por um doce sono, onde me apareceu uma visão portentosa: no meu quarto, julguei ver uma névoa cor de fogo, em meio à qual discerni a figura de um senhor de aspecto amedrontador a quem o visse, mas que, no entanto, coisa extraordinária, dava demonstrações de uma alegria interna; muitas coisas dizia com suas palavras, das quais eu entendia apenas algumas poucas — entre elas, as seguintes: "Eu sou o seu senhor".[9] Parecia trazer nos braços uma pessoa nua, adormecida, envolta num pano levemente sangüíneo; olhando atentamente, reconheci nela a moça da saudação, aquela que se dignara cumprimentar-me no dia anterior. Numa das mãos, parecia apertar uma coisa que ardesse em fogo e eu julguei escutar estas palavras: *"Olhe o seu coração"*.[10]

Enquanto o vulto se detinha, parecia despertar aquela que dormia e tanto se empenhava nisso que a fazia comer da coisa que ardia em suas mãos — e ela o comia, como que amedrontada. Mas não se passou muito tempo e a alegria do vulto se converteu em choro amargo: chorando, afastou-se com a mulher nos braços, parecendo-me que ao céu se dirigiam. Isto me provocou uma angústia tão grande, que o meu sono, frágil demais, não pôde suportar, desfez-se e eu acordei. Então, comecei a pensar, e me dei conta de que a hora em que tivera a visão era a quarta a contar do início da noite, sendo manifestamente claro que essa era a primeira hora das derradeiras nove horas da noite. Assuntando no que me fora dado ver, propus-me levá-lo ao conhecimento daqueles que eram famosos trovadores daquela época;[11] e, como já fosse coisa minha conhecida esta de saber ver a arte de dizer palavras rimadas, dediquei-me a fazer um soneto, no qual saudasse todos os fiéis do Amor. E, pedindo-lhes que julgassem a minha visão, a eles escrevi o que havia visto no meu sono. Daí, o soneto que se inicia *A toda alma gentil*:

A toda alma gentil ou que no peito
sinta vibrar os versos que ora digo,
solicito que fale-me a respeito,
saudando o Amor, nosso comum amigo.

Já era aquela hora em que, ao leito,
se recolhem todos, menos o céu antigo,
com seus astros, quando me vi sujeito
ao vulto de um Amor quase inimigo.

Afetava alegria, ao comprimir
meu coração na mão, tendo nos braços
minha senhora, em panos, a dormir.

Depois a despertava e ela, aos pedaços,
o coração se punha a consumir.
Chorando, o Amor se volve sobre os passos.

Este soneto se divide em duas partes: na primeira, saúdo e peço resposta; na segunda, digo a que se deve dar resposta. A segunda parte começa neste ponto: *Já era aquela hora.*

Muitos responderam a este soneto e muitas foram as interpretações; entre eles, destaco aquele que considero o primeiro dos meus amigos,[12] que respondeu com um soneto que assim começa: "Eu vi, como você, todo o valor".[13] Pode-se dizer que este foi o começo da amizade entre mim e ele, quando soube que eu era o remetente. O verdadeiro significado do mencionado sonho não foi então captado por ninguém, mas hoje ele é mais do que manifesto, mesmo aos espíritos um tanto menos instruídos.

4

A partir desta visão, o meu espírito natural começou a sentir-se interdito no seu modo de agir, pois a alma inteira estava tomada pelo pensamento da mais do que gentil; em pouco tempo, minhas condições eram de tal jeito frágeis e débeis que tristes ficavam muitos dos meus amigos ao me verem; outros, cheios de inveja, queriam saber de mim justamente aquilo que eu queria ocultar de todos. Dando-me conta, então, das maldosas perguntas que me faziam, e por vontade do Amor, que me ordenava obedecer aos ditames da razão, respondia-lhes que me encontrava sob o império desse mesmo Amor. Do Amor, dizia — e não podia deixar de dizer, ou esconder, tantas eram as marcas que trazia no rosto. E quando me perguntavam: "Em nome de quem de tal forma o deformou o Amor?", eu, sorrindo, olhava para eles, e calava.

5

Um dia aconteceu que a mais do que gentil estava sentada num lugar onde se ouviam louvores à Rainha da Glória, estando eu no lugar de um banco de onde podia vislumbrar a minha salvação; entre ela e mim, em linha reta, sentava-se uma moça gentil, de aspecto muito agradável, que me olhava seguidas vezes, surpresa com os meus olhares, que pareciam pousar nela. Por isso, muitos se aperceberam do seu olhar, de tal forma que eu, ao sair daquele santo lugar, ouvi que diziam atrás de mim: "Veja a que ponto aquela moça reduziu este rapaz". Ao ouvir o nome dela, percebi que se tratava da mulher que se encontrava no meio do caminho, entre mim e Beatriz, a mais do que gentil. Senti-me confortado, pois tive então a certeza de que o meu segredo não fora revelado naquele momento, pelo meu olhar. Imediatamente, ocorreu-me a idéia de fazer dessa graciosa moça um bastidor da verdade; e tantas mostras dei disso que, em pouco tempo, o meu segredo se tornou conhecido por todos os que teciam comentários a meu respeito. Ocultei-me atrás dessa mulher durante meses e anos: para maior credibilidade, compus para ela algumas coisinhas rimadas, que não pretendo transcrever aqui, a não ser quando se refiram à mais que gentil; descarto, por isso, todas elas, excetuada uma que outra escrita em seu louvor.

6

Durante o tempo em que essa moça serviu de biombo para tanto amor, veio-me a vontade de querer recordar o nome da mais que bela, fazendo-o acompanhar do nome de numerosas mulheres, incluindo o nome desta graciosa moça. Arrolei os nomes de sessenta das mais belas mulheres da cidade, colocando a minha senhora em alto ponto da escala, ao mesmo tempo que compunha uma carta em forma de *sirvente*,[14] que não vou reproduzir. Nem teria mencionado o fato, não fora para dizer que, compondo aquela lista, aconteceu o prodígio de o nome dela, da minha senhora, não estar colocado senão no número nove, entre os nomes destas mulheres.

7

A moça que durante tanto tempo havia servido de escudo à minha vontade de amar teve de sair da referida cidade, viajando para lugar distante: desanimado com a perda da bela defesa que agora desaparecia, senti-me mais angustiado do que teria podido imaginar. Fiquei a pensar que, se não falasse de sua partida de certo modo doloroso, as pessoas poderiam dar-se conta da minha simulação: empenhei-me, pois, em compor um lamento em forma de soneto.[15] Vou escrevê-lo, pois a minha dama foi a razão imediata das palavras que ele contém, como fica claro a quem entende. Ei-lo aqui:

> *Vocês, na rua do Amor indo a passeio,*
> *esperem, sem receio,*
> *e sintam toda a dor do meu lamento.*
> *Ouçam-me apenas, nada mais anseio.*
> *Por isto, dói-me o seio:*
> *Por fazer de um segredo o meu tormento.*
>
> *Não por mérito meu, mas por grandeza*
> *de sua alta nobreza,*

> *o Amor tornou tão doce a minha vida,*
> *que as pessoas diziam, com surpresa:*
> *"De algum astro é proeza*
> *tanta alegria no rosto refletida".*
>
> *Tendo perdido a força e a ousadia*
> *que um tesouro de amor alimentava,*
> *minha pobre alma escrava*
> *tem medo de mostrar-se à luz do dia.*
>
> *Como aquele que, pobre, esconde a face,*
> *para ocultar as marcas da penúria,*
> *na cara, escondo a fúria*
> *da dor que me corrói a alma e a classe.*

Este soneto tem duas partes principais: na primeira, pretendo chamar a atenção dos fiéis do Amor para as palavras do profeta Jeremias, que dizem: "Ó, vocês que passam pelas ruas, ouçam-me e vejam se há dor maior do que a minha",[16] pedindo-lhes que tenham a paciência de ouvir-me; na segunda parte, descrevo aonde me levou o Amor, com um significado diverso, não explicitado nas linhas finais do soneto, ao dizer o que perdi. A segunda parte começa com as palavras: *Não por mérito meu.*

8

Depois da partida dessa moça tão gentil, aprouve ao deus dos anjos chamar à sua glória uma jovem muito bonita, que a todos agradava pela sua graça, nesta mencionada cidade. Vi o seu corpo jacente em meio a muitas meninas, que choravam sentidamente. Lembrando-me então de que já a havia visto em companhia da mais que gentil, não pude reter as lágrimas: ao contrário, desatando o choro, dispus-me a dizer algumas palavras sobre a sua morte, levando em consideração que em ocasiões diversas estivera ela com a minha dama. E a isso me refiro, de algum modo, na parte final das minhas palavras, como fica claro aos que entendem a situação. Compus, então, dois sonetos, o primeiro começando com *Chorem os namorados*, e o segundo, *Morte vilã*:

> *Chorem os namorados, se o Amor chora,*
> *sabendo da razão que o faz chorar:*
> *ele ouve mulheres a clamar*
> *"Piedade!", na dor de quem deplora*
>
> *ver em corpo gentil deixar sua marca*
> *a Morte cruel, que exerce agora*
> *o seu ofício vil numa senhora*
> *moça, de honra e virtudes exemplar.*
>
> *Era tão grande o horror que o Amor sentia,*
> *que eu vi ganhar contornos sua imagem*
> *na imagem da mulher que ali jazia.*
>
> *Olhando para o céu, mais parecia*
> *olhar, como se fora uma miragem,*
> *a alma da beleza que ascendia.*

Este primeiro soneto se divide em três partes: na primeira, conclamo e peço aos fiéis seguidores do Amor que chorem e digo que chora o senhor deles; dizendo também que, "sabendo da razão que o faz chorar", ficam mais propensos a ouvir-me; na segunda, falo do motivo; e, na terceira, falo do preito que o Amor prestou a essa mulher. A segunda parte começa com *ele ouve*, e a terceira, com *Era tão grande*.

> *Morte vilã — da dor, mãe antiga;*
> *da piedade, inimiga,*
> *sentença inapelável e impiedosa,*
> *já que é em dar-me dor que você goza,*

pensando, em verso ou prosa,
não há língua bastante que a maldiga.

Se, de bom grado, eu quero a sua miséria,
e aponto a deletéria
ação que você exerce em toda a parte,
não é que tal não pense a gente séria:
só quero dar matéria
de ódio a quem do Amor conhece a arte.

Você expulsou da terra a gentileza
e aquilo que das moças é virtude:
na alegre juventude,
o seu jeito amoroso de beleza.

E digo: nela, um dom divino é certo,
além dos dotes por todos louvados:
quem se achega aos pecados
não espere jamais vê-la de perto.

Divide-se este soneto em quatro partes: na primeira, chamo a Morte de certos nomes que lhe são próprios; na segunda, dirigindo-me a ela, falo da razão que me leva a vituperá-la; na terceira, eu a vitupero; na quarta, passo a referir-me a uma pessoa indefinida, embora bem definida no meu entendimento. A segunda parte começa assim: *já que é em dar-me*; a terceira: *Se, de bom grado*; e a quarta: *quem se achega*.

9

Alguns dias depois da morte dessa moça, tive de sair da cidade, viajando para a região onde se encontrava a moça gentil que fora a minha defesa, embora o meu destino não fosse tão distante quanto o lugar em que se encontrava. Ainda que, a olhos alheios, eu caminhasse na companhia de muita gente, a jornada me pesava e os suspiros não conseguiam aliviar a angústia do coração, pois cada vez mais ficava para trás a minha beatitude. Mas o suavíssimo senhor, que me dominava pela virtude da minha mais do que gentil, surgiu na minha imaginação na figura de um peregrino que os andrajos mal cobriam. Parecia-me soturno e olhava para o chão, mas eu tinha a impressão de que, às vezes, dirigia o olhar a um belo rio, de águas claríssimas e curso rápido, que corria ao longo do caminho que eu percorria. Senti que o Amor me chamava, dizendo estas palavras: "Venho da parte daquela dama que foi o seu escudo e sei que o seu regresso não se dará tão cedo: por isso, o coração, que um dia deixei com ela, está comigo outra vez, para que outra cuide dele, como a primeira". Disse o seu nome e eu sabia bem quem era. "Mas, se você tiver de dizer alguma coisa a respeito do que acabo de falar, faça-o de tal forma que as pessoas não se dêem conta do amor simulado que você manifestou a esta e que deverá transmitir a outros." Ditas estas palavras, minha visão desapareceu subitamente, como se em grande parte tivesse penetrado em mim; já mudado em meu aspecto, naquele dia caminhei pensativo, acompanhando os meus cismares com muitos suspiros. Findo o dia, comecei o soneto que se inicia com *Cavalgando*:

> *Cavalgando outro dia por um caminho,*
> *pensativo a pensar em má jornada,*
> *deparei-me com Amor em meio à estrada,*
> *peregrino a trajar traje mesquinho.*
>
> *O rosto parecia dizer: "Definho",*
> *igual ao da nobreza rebaixada.*
> *Suspiroso a pensar, fronte inclinada,*
> *não olhava sequer para o vizinho.*
>
> *Quando me viu, chamou-me pelo nome,*
> *dizendo: "Venho de um lugar distante,*
> *aonde o enviei por meu querer.*

*

> *É tempo de servir outro prazer".*
> *De tal modo me envolve o caminhante,*
> *que se dissolve em mim sem mim — e some.*

Este soneto tem três partes: na primeira, falo de como encontrei o Amor e qual o seu aspecto; na segunda, conto o que me disse, mas não tudo, de medo que se revelasse o meu segredo; na terceira, digo como desapareceu em mim. A segunda parte começa com *Quando me viu*; a terceira, com *De tal modo*.

10

Assim que retornei, pus-me à procura da mulher que o meu senhor havia mencionado no caminho dos suspiros: para ser breve, devo dizer que, em pouco tempo, tão bem prestou-se de meu escudo, que muita gente começou a fazer comentários que ultrapassavam os termos da boa educação — o que muito me pesava. Por esta razão, em função dessa excessiva maledicência, que parecia querer me atingir de modo infamante, a mais que gentil, destruidora de todos os vícios e rainha das virtudes, passando por mim, negou-me o doce cumprimento, no qual eu depositava toda a minha esperança de salvação. Fugindo um pouco dos meus atuais propósitos, quero dizer como operava em mim, de modo a infundir-me virtude, a sua saudação.

11

Quando ela aparecia à minha frente, em qualquer lugar que fosse, a esperança da sua saudação milagrosa não só eliminava em mim o rancor pelos inimigos, como também, envolto por uma flama de caridade, dispunha-me a perdoar a todos quantos me houvessem ofendido; e, se alguém tivesse se dirigido a mim para indagar alguma coisa, a resposta teria sido uma só: *Amor* —

com o rosto coberto de humildade. Todas as vezes que ela se inclinava a saudar-me, um espírito de amor, destruindo todos os demais espíritos sensitivos, expulsava os frágeis espíritos da visão, dizendo-lhes: "Vão, vão logo prestar homenagem à sua dama" — e tomava o lugar deles. E a quem quisesse conhecer o Amor bastava observar como os meus olhos tremiam. E, quando a minha gentilíssima salvação me saudava, o Amor — não que pudesse ofuscar a insuportável visão da minha beatitude —, por um excesso de ternura, fazia com que o meu corpo, já sob o seu inteiro comando, não se movesse senão como pesada coisa inanimada. Torna-se, assim, manifesto que a minha salvação residia nas suas saudações, o que muitas vezes esgotava e superava a minha capacidade.

12

Agora, voltando ao assunto, devo dizer que, depois que a minha beatitude me foi negada, fui tomado de tanto sofrimento que, apartando-me das pessoas, procurei um lugar isolado para banhar a terra de lágrimas amargas. Depois que o choro mitigou um pouco a minha dor, tranquei-me no meu quarto, onde podia dar vazão ao meu desespero, sem ser percebido; então, clamando por misericórdia à suprema senhora das mercês e exclamando "Amor, socorra o seu fiel seguidor!", adormeci em prantos, como um menino que acaba de apanhar. Em meio ao sono, julguei ver o meu quarto e nele, sentado junto a mim, um jovem em roupas alvíssimas, de aspecto profundo e pensativo, que me contemplava ali onde eu jazia; depois de ter me olhado durante algum tempo, chamou-me, suspirando, a dizer estas palavras: "Filho, já é tempo de pormos fim à nossa simulação".[17] Tive a impressão de conhecê-lo, pois assim me chamava durante os meus sonhos; observando-o, pareceu-me que chorava sentidamente, como se de mim esperasse alguma palavra. Sentindo-me seguro, comecei a falar nestes termos: "Senhor da nobreza, por que você está chorando?". Ele, então, me respondeu: "Eu sou como o centro de um círculo, do qual são eqüidistantes todos os pontos da circunferência; já, você, não".[18]

Meditando nessas palavras, pareceram-me obscuras; esforcei-me, mas só pude dizer: "Por que você me fala, senhor, de modo tão obscuro?". E ele, na língua vulgar: "Nada pergunte além do necessário". Então, comecei a falar do cumprimento negado e qual teria sido o motivo disso; ao que respondeu-me: "A nossa Beatriz ouviu certas pessoas falando a seu respeito, comentando que a mulher que recomendei no caminho dos suspiros sentia-se importunada por você, uma que outra vez; por isso, a mais que gentil, que é contrária a todos os aborrecimentos, preferiu não cumprimentá-lo, de medo de ser inconveniente. Como, para falar a verdade, ela conhece um pouco do seu segredo, por força de muitas conversas ao longo dos anos, gostaria que você dissesse, por meio de palavras rimadas, que você conhece o domínio que exerço sobre você, por causa dela, e como você lhe pertence desde os tempos de criança. Chame por testemunha alguém que sabe disso e peça-lhe que o transmita a ela; essa testemunha, que outra não é senão eu mesmo, de boa vontade haverá de fazê-lo; dessa forma, ela ficará sabendo de sua disposição e poderá distinguir as palavras ilusórias dos que incorrem em erro. Tais palavras não serão senão um meio, pois não fica bem você dirigir-se a ela diretamente;[19] e não as envie ao destino sem mim, como se ela pudesse ouvi-las por interposta pessoa: envolva as suas palavras em música harmoniosa, de sorte que eu nela possa estar todas as vezes que se fizerem necessárias". Ditas estas palavras, dissolveu-se, interrompendo o meu sono. Lembrando-me de tudo, calculei que a visão me aparecera na hora nona; antes de deixar os meus aposentos, dediquei-me a compor uma balada, inspirada no que o meu senhor me havia ordenado. Aqui está ela:

> *Minha balada, vá, procure o Amor*
> *e o leve a ela, para que defenda*
> *a minha causa, ao som de uma oferenda*
> *de escusas musicais, como penhor.*

*

*Sem acompanhamento, embora, seja
bem cortês e gentil,
para ter acolhida em todo canto;
mas se quiser andar como na igreja,
não dispense do Amor o casto manto.*

*Pois aquela que deve recebê-la
vai recebê-la um tanto contrafeita
— e sem a companhia do Amor, ela
por certo lhe faria uma desfeita.*

*Junto com ele, entoe com harmonia
e sua missão revele,
de modo a demover seu coração:
"Minha senhora, aquele que me envia,
sabendo que o impele
o Amor, implora, humilde, a sua atenção:*

*Tendo o Amor ao meu lado — e veja bem
como fica mais belo ao contemplá-la! —
entenda: se a outra dirigiu a fala
e o olhar, o coração ficou aquém".*

*E diga mais, balada: "Oh, senhora,
seu coração leal
é de um pensar: o de servi-la inteiro:
cedo foi seu e é só seu agora".
Se ela der sinal
de duvidar, apele ao companheiro.*

*E faça, ao fim, um humilde pedido:
se perdoar-me não é de seu gosto,
que me dê permissão de morrer, posto
que este é o servir do servo servido.*

*

> *E diga — antes que eu me corte a côrte —*
> *a quem tem a chave*
> *da piedade, que a causa me defenda:*
> *"Por obra e graça deste som, conforte-*
> *me junto a ela, suave,*
> *a postular o meu perdão e a emenda.*
>
> *E se do seu rogar vier perdão,*
> *mostre um sinal de paz no belo rosto".*
> *Balada, vá, e cumpra a sua missão:*
> *seja digna do Amor, sem dar desgosto.*

Esta balada se divide em três partes: na primeira, digo a ela aonde deve ir, confortando-a no sentido de ir com maior segurança e dando recomendações quanto à companhia de quem deve andar, para maior segurança e menor perigo; na segunda, falo daquilo que deve transmitir; na terceira, eu a libero da minha vontade, entregando o seu destino às voltas da sorte. A segunda parte começa com *Junto com ele*; e a terceira: *Balada, vá*.

Poderia alguém objetar, dizendo ter dúvidas quanto ao destinatário do meu discurso em segunda pessoa, já que a balada não é outra senão as palavras que ora alinho. Devo dizer que pretendo esclarecer esta dúvida, expressamente, neste livrinho, em outra parte igualmente duvidosa; entenda o que possa quem disto aqui duvida ou quem pretenda lançar-me tal objeção.

13

Depois da visão supradescrita, tendo já pronunciado as palavras que o Amor me havia mandado falar, muitos e diversos pensamentos puseram-se em litígio, tentando-me, sem que eu nada pudesse fazer: quatro deles me pareceram mais renitentes em tirar-me o sossego. Um deles era este: boa é a senhoria do amor, porque afasta de seu servidor o pensamento de coisas vis; o segundo: não é boa a senhoria do Amor, pois quanto mais o seu servo lhe presta tributo, mais sujeito está a momentos graves e dolorosos; o terceiro: a palavra *Amor* é tão doce de ouvir, que parece impossível que o seu modo de operar não seja outro senão o das coisas suaves e doces, já que as palavras acompanham as coisas nomeadas, como está escrito: "*Os nomes resultam das coisas*".[20] E o quarto: o Amor liga você a uma mulher que não é como as outras, que facilmente se deixam demover em seu sentimento.[21] Cada um desses pensamentos de tal jeito me atazanava, que eu mais parecia alguém que não sabe que caminho tomar; alguém que quer prosseguir, mas não sabe para onde ir: quando eu acreditava poder encontrar uma estrada comum, onde todos se encontrassem, pouco amiga ela me parecia, só me restando clamar pela Piedade e lançar-me em seus braços. Nesta situação, veio-me a vontade de escrever alguns versos, e disse então este soneto:

> *Se só fala do Amor tudo o que penso,*
> *tudo o que penso é tão variado e vário,*
> *que enquanto um se atribui poder imenso,*
> *outro apregoa, louco, o seu calvário,*
>
> *um terceiro me traz prazer intenso,*
> *um quarto amarga mais o meu fadário*
> *— e cada qual, buscando o seu contrário,*
> *só na paz do pavor acha consenso.*
>
> *No horror da decisão, prefiro a esquiva;*
> *quero dizer-me algo, nada encontro:*
> *estou num mar de amor indo à deriva!*
>
> *Só à Senhora das Mercês cativa*
> *encontros encontrar no desencontro,*
> *e a ela entrego a frase decisiva.*

Este soneto pode ser dividido em quatro partes: na primeira, proponho e digo que todos os meus pensamentos se referem ao Amor; na segunda, digo que são diferentes e falo de sua diversidade; na terceira, aponto em que ponto parecem eles concordar; e, na quarta, ao falar do Amor, não sei de qual deles valer-me, e, se pretendesse valer-me do conteúdo de todos, mais valeria apelar para a Dona Piedade — e digo "Dona" por modo de dizer, quase irônico. A segunda parte começa assim: *tudo o que penso*; a terceira: *só na paz*; e a quarta: *No horror da decisão*.

14

Depois das batalhas dos pensamentos diversos, aconteceu que a mais que gentil compareceu a uma reunião de muitas moças graciosas. Para lá me dirigi, levado por uma pessoa amiga, que assim julgava agradar-me, já que me levava a um lugar onde muitas mulheres desfilavam a sua beleza. Mas, a certa altura, não atinando com o lugar aonde estava sendo conduzido, confiante na pessoa que, por sua vez, para lá se dirigia por sugestão de um amigo que se encontrava no fim da vida, eu disse: "Por que viemos ao encontro dessas mulheres?" E ele: "Para que elas sejam atendidas de um modo digno". A verdade é que elas estavam reunidas ali a título de damas de honra de uma jovem graciosa que acabara de casar-se: segundo os costumes da mencionada cidade, cabia-nos fazer-lhes companhia no primeiro banquete que se realizava na mansão do seu jovem esposo. Dessa forma, para não desagradar ao meu amigo, dispus-me também a servir e atender àquelas moças. Mal havia expresso essa minha disposição, comecei a sentir um extraordinário tremor, que começava na parte esquerda do meu peito e se propagava rapidamente para as demais partes do meu corpo. Para disfarçar, apoiei-me numa parede, que continha uma pintura afresco a estender-se por outras paredes da casa. Sempre temendo que alguém percebesse o meu tremor, ergui os olhos e vi, em meio às moças, Beatriz, a mais que gentil: de tal modo se enfraqueceram todos os meus espíritos, em virtude do vigor de que se viu dotado o Amor, ao ver-se tão próximo da mais que gentil, que vivos, em verdade, não permaneceram senão os espíritos da visão, e estes mesmos como que fora de seus próprios órgãos, pois que o Amor desejava ocupar o lugar deles para ver aquela mulher maravilhosa. Embora eu já não me sentisse o mesmo, não deixava de me condoer, ao ver lamentarem-se esses espiritozinhos, que diziam: "Se ele, com seu fulgor, não nos tivesse expulso do nosso lugar, poderíamos agora estar contemplando o prodígio que é essa mulher, tal como estão fazendo os nossos olhos-colegas". Muitas daquelas moças, percebendo a minha transfiguração, começaram a agitar-se e, fofocando, passaram a escarnecer de mim junto à mais que gentil. Foi quando o meu inocente amigo, de boa-fé, tomou-me pela mão, subtraindo-me à vista daquelas moças, e me perguntou o que é que eu tinha. Um pouco mais calmo, já sentindo ressuscitarem os meus espíritos e os expulsos retornarem aos seus antigos postos, disse ao meu amigo: "Os meus pés estão naquele ponto do caminho da vida além do qual não se avança, sob pena de não mais voltar-se". Despedindo-me, retornei ao quarto das lágrimas, onde, chorando, envergonhado, disse a mim mesmo: "Se ela soubesse da minha condição, não ia escarnecer da minha pessoa: ao contrário, havia de sentir muita piedade". Em prantos, propus-me escrever algumas palavras, nas quais, dirigindo-me a ela, pudesse falar da razão da minha mutação, bem sabendo que ela não sabia disso, pois que, se soubesse, estou certo, induziria outros, também, à piedade. Na esperança de que, por acaso, pudesse vir a saber desta causa, por ouvir dizer, escrevi o seguinte soneto:

> *Com outras moças, a zombar de mim,*
> *nem por um átimo você imagina*
> *por que minha figura é estranha assim,*
> *ao ver sua beleza de menina.*
>
> *Sabendo-o, a Piedade poria fim*
> *ao seu desdém, ao ver como extermina*

os meus espíritos o Amor, assim
que você chega. Prepotente, mina

as energias de todos, afugenta
ou mata, até que, soberano,
possa quedar-se a vê-la sem ninguém.

Sem sentidos, meu rosto é de outro alguém:
Mas, mesmo assim, por dentro, escuto o insano
clamor dos que se foram na tormenta.

Não divido este soneto em partes, já que uma divisão só se presta a apontar para o significado da coisa dividida; como aqui se trata de coisa que é manifesta por sua declarada razão, não há necessidade de divisão. É verdade que, em meio às palavras nas quais se expressa o tema deste soneto, há-as dúbias — quando, por exemplo, digo que o Amor mata todos os meus espíritos, permanecendo vivos só os da visão, embora fora de seus órgãos próprios. Tal dúvida não pode ser esclarecida, a não ser por alguém que seja um fiel iniciado do Amor, de mesmo grau. É claro, assim, que os fiéis estão em condição de decifrar as palavras enigmáticas: mas a mim não compete dirimir tais questões, já que a minha manifestação, nesse sentido, seria inútil ou supérflua.

15

Depois dessa estranha configuração, nasceu-me um pensamento vivo, que não me deixava em paz, que me assaltava constantemente, argumentando comigo nestes termos: "Se você assume um aspecto tão lastimável quando chega perto dessa mulher, por que é que insiste em vê-la? Se fosse interpelado por ela, supondo que você estivesse na posse de suas faculdades e se julgasse livre, o que é que você lhe responderia?". A este, um outro pensamento, humilde, respondia: "Se eu não ficasse desprovido de virtudes e vontades, e fosse livre para responder-lhe, eu lhe diria:

'Assim que contemplo a imagem de sua prodigiosa beleza, sinto e ressinto desejo de vê-la e revê-la — um desejo tão potente, que destrói e mata em mim a lembrança de tudo quanto possa opor-se a ela, eis que nem os sofrimentos passados me impedem de tentar vê-la'". Em conseqüência, movido por esse pensamento, propus-me dizer certas palavras, nas quais — pedindo desculpas a ela, por retornar ao assunto — pudesse fazer passar também aquilo que se passa comigo perto dela. E escrevi este soneto:

> *O que vai contra mim morre na mente,*
> *lembranças mortas, se eu a vejo, pura*
> *alegria — e, se está por perto, sente*
> *o Amor dever dizer-me: "Criatura,*
>
> *fuja, se não quiser morrer demente".*
> *Branco, sem sangue, o rosto é uma figura*
> *do coração, que treme e faz tremente*
> *a pedra em que me apoio e diz: "Sem cura".*
>
> *Quem me vê assim pode até praticar*
> *um pecado, se a alma não conforta,*
> *mostrando, ao menos, ter piedade. Esta,*
>
> *porém, em seu desdém, é coisa morta:*
> *no meu rosto também é manifesta*
> *a ânsia de morrer do meu olhar.*

Este soneto se divide em duas partes: na primeira, falo da razão por que não me privo de buscar a proximidade dessa mulher; na segunda, falo do que me acontece ao encontrar-me perto dela. Esta parte começa assim: *alegria — e, se está por perto*, e se divide em cinco outras, conforme as diversas narrativas. Na primeira, trato daquilo que o Amor me aconselha, segundo a razão, quando me encontro vizinho dela; na segunda, descrevo o estado do meu coração, segundo a expressão do meu rosto; na terceira, como me sinto desamparado; na quarta, afirmo que peca aquele que não demonstra piedade por mim, já que me seria de algum consolo; e na última explico por que os outros deveriam ter piedade do lastimável aspecto dos meus olhos, causado pelo desdém desta mulher, que a outros também induz ao desdém — esses mesmos outros que, talvez, pudessem ser levados pela piedade. A segunda parte começa com *Branco, sem sangue, o rosto*; a terceira: *a pedra em que me apóio*; a quarta: *Quem me vê assim*; a quinta: *mostrando, ao menos*.

16

Depois de ter dito este soneto, veio-me a vontade de dizer outras palavras, com o fito de expressar quatro coisas sobre o meu estado e que eu ainda não havia manifestado. A primeira é que eu me amargurava muitas vezes, quando a minha memória induzia a minha fantasia a imaginar as mutações que o Amor produzia em mim. A segunda era que o Amor, muitas vezes, me possuía tão fortemente, que outra vida não restava em mim senão a de um pensamento que falava desta mulher. A terceira é que, quando essa batalha amorosa se travava dentro de mim desse jeito, eu ia ficando cada vez mais pálido à procura dessa mulher, certo de que haveria de tomar o meu partido, ao assistir a semelhante combate — mas eu me esquecia o que é que acontecia comigo toda vez que me aproximava de tanta graça. E a quarta coisa é que esta visão não só não resultava em meu favor, como, ao contrário, acabava, em definitivo, com o sopro de vida que ainda me restava. Disse, então, o seguinte soneto:

> *"Perversas qualidades dá-me o Amor" —*
> *é o que sempre me vem ao pensamento.*
> *Sinto dó de mim mesmo e às vezes tento*
> *fugir, dizendo: "Pode alguém supor*
>
> *absurdo igual?". Num súbito momento,*
> *se apodera de mim, deixando o cor-*

ação viver por um sopro de dor,
que fala de você e é meu sustento.

Ainda assim, semivivo, me empenho
em curar-me e salvar-me, indo à procura
do seu olhar, o bem de um bem remoto.

Mas se ergo os olhos para vê-la, tenho
que quer fugir de mim a alma insegura,
ao sentir no meu peito o terremoto.

Este soneto se divide em quatro partes, segundo as quatro coisas que conta — e, como elas vão acima referidas, não intervenho senão para distingui-las conforme os seus inícios. Por isso, digo que a segunda começa com *Num súbito momento*; a terceira, *Ainda assim*; e a quarta, *Mas se ergo*.

17

Depois de haver escrito esses três sonetos, nos quais me dirigi a essa moça — e onde expus toda a minha situação —, achei melhor calar e mais não dizer, por já me haver manifestado em excesso. Não mais havendo de dirigir-me diretamente a ela,[22] julgo melhor passar a tratar de outro assunto, de conteúdo mais nobre. Embora o motivo do novo tema seja agradável ao ouvido, dele tratarei tão brevemente quanto possível.

18

Como era manifesto que o meu aspecto já havia denunciado a muitos o segredo do meu coração, algumas moças, dentre outras que se haviam reunido para alguns momentos de agradável companhia, bem sabiam da condição do meu coração, pois que haviam assistido a muitas de minhas derrotas: ao passar perto delas, como por obra do destino, ouvi que me chamavam.

Era uma dessas moças gentis, de fala muito agradável. Aproximando-me do grupo — um pouco mais seguro ao ver que ali não se encontrava a mais que gentil —, perguntei-lhes em que as poderia servir. Eram muitas moças; algumas riam entre si, enquanto outras apenas me observavam, curiosas quanto ao que eu haveria de dizer, ou simplesmente conversavam. Uma destas, voltando-se para mim e me chamando pelo nome, disse: "A que se destina esse seu amor por aquela moça, se você não consegue encarar a sua presença? Conte pra gente, pois, com certeza, a razão desse amor deve ser coisa de fato extraordinária". Ditas estas palavras, não só ela como todas as demais fixaram os olhos em mim, aguardando a resposta. Disse eu, então: "Gentis meninas, o meu amor não visava a outra coisa senão a saudação da moça à qual vocês há pouco se referiam, imagino, pois nisso constituía a beatitude que era o fim de todos os meus desejos. Mas já que lhe aprouve negá-la a mim, o meu senhor, o Amor, por mercê própria, concentrou toda a minha beatitude em algo que jamais poderá decepcionar-me". Começaram, então, elas, a trocar opiniões e a tecer comentários — e entre as vozes, às vezes, eu julgava ouvir suspiros, igual à água quando cai misturada à bela neve. Depois de haverem como que parlamentado, aquela que me dirigira a palavra perguntou de novo: "Gostaríamos de saber: onde deposita você agora a sua beatitude?"; ao que respondi: "Nas palavras de louvor à minha dama". E ela, replicando: "Se você tivesse falado a verdade nas palavras que descreviam a sua condição, a sua intenção teria ficado mais clara". Com o que, pensando nestas palavras, vexado me afastei delas, dizendo a mim mesmo: "Se é tanta a beatitude que reside nos versos que exaltam a minha dama, por que escolhi então outro modo de falar?". Decidi-me então manter-me no firme propósito de só tratar de assunto que resultasse em exaltação de minha dama. Quanto mais pensava nisso, porém, elevada demais me parecia a empresa, de forma que não me açodei em começar. Durante alguns dias, permaneci entre o desejo de falar e o temor de começar.

19

Sucedeu que um dia, percorrendo um caminho que beirava um rio de águas muito claras, fui tomado de grande vontade de dizer versos; ao pensar no modo de fazê-los, concluí que não convinha falar dela, a não ser que me dirigisse a mulheres na segunda pessoa — e não quaisquer mulheres, mas somente àquelas de disposição gentil e que não fossem apenas pessoas do sexo feminino. A minha língua pôs-se então a falar como se movida por si mesma — e ela dizia: *"Vocês, mulheres, que entendem de amor"*. Com grande alegria, fixei na mente estas palavras, pensando em utilizá-las no meu novo começo. Daí que, retornando à mencionada cidade e depois de pensar alguns dias, compus uma canção com aquele começo, organizada segundo as partes que mais adiante se descrevem.

> *Vocês, mulheres que entendem de amor,*
> *deixem que eu fale dela, a minha dama —*
> *não que eu pense esgotar a sua fama,*
> *mas só pra dar vazão à minha mente.*
>
> *Pensando no que flui do seu valor,*
> *o Amor me aquece em tão suave chama*
> *que se eu tivesse a audácia de quem ama*
> *faria, falando, a gente amar a gente.*
>
> *Mas não falar pretensiosamente*
> *é o modo de não ser vilão, nem vil;*
> *só quero falar do "status" gentil*
> *de quem e a quem merecem, docemente:*
> *dela a vocês, mulheres, moças nobres,*
> *que disso não se fala a almas mais pobres.*
>
> *Um anjo clama ao Mais-Do-Que-Perfeito:*
> *"Oh, meu Senhor, lá no mundo distante,*

*há o milagre de uma alma tão brilhante
que a sua luz até no céu resplende.*

*E este céu, que não tem outro defeito
senão o de não tê-la, em suplicante
coro santo a quer, a todo instante".
Mas nossa causa a Piedade defende,*

*e Deus, por bem compreendê-la, a atende:
— "Filhos diletos, sofreiem em paz
os seus anseios, segundo me apraz.
Na Terra, alguém por ela a alma rende,*

*que um dia dirá no inferno: 'Pobres réus,
eu conheci a esperada dos céus'".*

*Ela é esperada lá no céu supremo,
por isso vou falar de suas virtudes.
O Amor transforma em gelo os peitos rudes,
matando neles todo sentimento*

*baixo, de modo tal que o próprio demo
morria ou se salvava, só de olhá-la.
Moça gentil fica mais nobre (tal a
sua graça) ao seu lado, num momento,*

*e leva a um fundo arrependimento
quem quer que, de olhá-la, esteja à altura.
Este esquece as ofensas e procura
dar provas várias do seu bom intento.*

*Deus colocou-a em mais alta escala:
mal não acaba quem com ela fala.*

*Dela pode dizer o Amor: "Humana
mortal não pode ser tão bela e pura".*

*Olha de novo e pra si mesmo jura
que é obra de Deus, maravilhosa.*

*Uma pele de pérola engalana
um corpo de mulher de si segura;
mais bela, a Natureza não atura,
pois não concebe forma mais formosa.*

*E quando move os olhos, amorosa
chusma de espíritos se lança à luta,
buscando uma brecha no olhar, na astuta
ação de se abrigar no coração.*

*Em cada rosto o Amor se estampa, de repente:
ninguém pode encará-la, frente a frente.*

*Canção, eu sei que, por aí, girando,
você vai visitar muitas pessoas;
mas eu previno: desconfie das loas,
seja filha do Amor, moça e modesta.*

*Onde estiver, em canto doce e brando,
não se perca em dúplices à-toas,
busque nas intenções somente as boas.
Pergunte, então: "A direção é esta?*

*Só por ela sou bela e não molesta".
Procure, se puder, ser sempre franca,
mas só com gente nobre, de alma branca,
que lhe abrirá caminho, sempre em festa.*

*Você vai encontrá-la, o Amor também:
peça a sua proteção, como convém.*

Para que seja mais bem entendida, vou dividir esta canção de um modo mais elaborado do que as demais. Para começar, divido-a em três partes: a primeira serve de introdução às palavras seguintes, a segunda se refere ao tema e a terceira funciona como se fosse uma serva das palavras anteriores. A segunda começa com *Um anjo clama*, e a terceira com *Canção, eu sei que*. A primeira parte se divide em outras quatro: na primeira, digo com quem desejo falar a respeito de minha dama e por quê; na segunda, falo do que parece suceder a mim mesmo, quando penso no seu valor e tal como eu o diria, se não me faltasse a coragem; na terceira, digo como acho que devo falar dela, para que não me sinta inibido pela covardia; na quarta, voltando a referir-me a quem desejo falar, discorro sobre a razão por que me dirijo a essas pessoas. A segunda parte começa assim: *Pensando no que flui*; a terceira: *Mas não falar*; e a quarta: *dela a vocês*. Dessa forma, quando escrevo *Um anjo clama*, começo a falar desta mulher. Esta parte se divide em duas: na primeira, digo o que dela se diz no céu; na segunda, o que dela se pensa na terra: *E este céu*. Esta segunda parte se subdivide em outras duas: na primeira, falo a respeito da nobreza de sua alma, relatando as ações virtuosas que de sua alma emanam; na segunda, falo da nobreza de seu corpo, mencionando algumas de suas belezas, donde: *Dela pode dizer o Amor*. Esta segunda parte se divide ainda em outras duas: na primeira, falo de quanta beleza está presente em toda a sua pessoa; na segunda, da beleza que existe numa determinada parte de sua pessoa: *E quando move os olhos*. Esta segunda se subdivide: numa parte, falo dos olhos, que são o princípio do amor; na segunda, falo da boca, que é o seu fim. E para que daí se afaste todo pensamento vicioso, lembro a quem ora lê que mais atrás se menciona que a saudação desta mulher, função de sua boca, era o escopo dos meus desejos, na medida em que eu a merecia receber. Por isso, quando digo *Canção, eu sei*, acrescento uma estrofe que opera como ancila da outra, nela dizendo o que espero desta canção; como esta última parte é de fácil entendimento, não me empenho em outras divisões. Devo dizer, contudo, que, para maior compreensão, divisões mais sutis se imporiam — mas quem não é dotado de engenho suficiente para entendê-la tal como agora a divido não me causa ofensa se a deixar de lado, já que temo ter comunicado a demasiada gente o seu significado por meio das referidas e realizadas divisões, se viesse a suceder que tantos chegassem a escutá-la.

20

Depois que esta canção teve uma certa divulgação pública, conforme o testemunho de um que outro amigo, um deles sentiu vontade de perguntar-me o que eu achava do Amor, talvez na esperança lisonjeira de ouvir melhores explicações do que as já oferecidas. Daí, pensando que, junto da digressão, fosse igualmente bom que eu dissertasse sobre o Amor — ao mesmo tempo que atendia ao meu amigo —, propus-me dizer certas palavras nas quais falasse do Amor; compus, então, o seguinte soneto:

> *São uma coisa só o coração*
> *gentil e o Amor, como declara*
> *o sábio:*[23] *um sem o outro é coisa rara,*
> *como a alma racional sem a razão.*
>
> *A natureza os fez, ela os ampara:*
> *o Amor, senhor; o coração, mansão.*
> *Ele aqui mora e dorme, em estação*
> *longa ou breve — mas não se esquece ou pára.*
>
> *É então que a mulher fica bonita.*
> *Seduz o olhar, de modo que, no peito,*
> *nasce a atração pelo atrair nascente.*
>
> *Persistindo o querer, se move e agita*
> *o espírito do Amor no calmo leito.*
> *No caso oposto, é o mesmo o que ela sente.*

Este soneto se divide em duas partes; na primeira, falo do Amor enquanto em potencial; na segunda, o quanto da potência se traduz em ato. A segunda começa com *É então que a mulher*. A primeira parte se subdivide em duas: na primeira, digo em que sujeito reside esta potência; na segunda, como o sujeito e a potência redundam num ser, um considerando o outro como forma e matéria se consideram. A segunda parte começa com *A natureza os fez*. Em seguida, quando digo *É então que a mulher*, refiro-me a esta potência quando se reduz a ato: primeiro em relação ao homem; depois, como se traduz o mesmo na mulher; donde: *No caso oposto*.

21

Depois de haver tratado do Amor nos versos acima, veio-me também a vontade de dizer palavras em louvor da mais do que gentil, nas quais eu mostrasse como, por ela, esse Amor desperta, não apenas quando e onde jaz dormente, mas também quando nem sequer existe em potência, graças à beatífica e miraculosa operação. Compus então o seguinte soneto:

> *Nos olhos traz o Amor a minha dama*
> *e tudo o que ela olha se enobrece.*
> *Todos se voltam para vê-la — e aquece*
> *os corações, do seu aceno, a chama.*
>
> *Baixando os olhos, cada qual proclama*
> *suas culpas, num silêncio de prece*
> *e todo o mal de odiar desaparece:*
> *Moças, me ajudem a cantar sua fama.*
>
> *Tudo o que é doce, humilde, simples, vivo,*
> *brota no coração de quem a escuta,*
> *pois que, antes de ouvi-la, a viu, feliz.*

*Basta um sorriso: o coração cativo
não sabe mais o que a mente perscruta,
pois tudo o que a supera ela não diz.*

Este soneto tem três partes: na primeira, digo como esta mulher reduz potência a ato, segundo a nobilíssima parte dos seus olhos; na terceira, digo a mesma coisa, segundo a nobilíssima parte de sua boca; entre essas duas partes, há um pequeno segmento que parece pedir ajuda às duas outras, a antecedente e a conseqüente, e que assim principia: *Moças, me ajudem*; a terceira começa com *Tudo o que é doce*. A primeira parte se divide em outras três: na primeira, falo como ela, por sortilégio de sua virtude, torna gentil tudo quanto vê, vale dizer: o quanto ela induz o Amor em potência onde ele nem sequer existe; na segunda, como transforma o Amor em ato, nos corações de todos aqueles que olha e vê; na terceira, falo de como, em seguida e por força de sua virtude, opera naqueles corações. A segunda começa assim: *Todos se voltam*; a terceira: *e aquece os corações*. Por isso, quando digo: *Moças, me ajudem*, dou a entender a quem se dirige a intenção do meu falar, apelando às mulheres para que me ajudem a honrar a mais que gentil. Também, por isso, quando digo *Tudo o que é doce*, estou repetindo o que disse na primeira parte, conforme dois atos de sua boca: um deles é o seu dulcíssimo falar, o outro o seu maravilhoso sorriso. Só que, deste último, não falo como opera nos corações alheios, já que a memória não pode conservar a sua imagem e nem o modo pelo qual funciona.

22

Não se passaram muitos dias e, tal como aprouve ao glorioso Senhor não negar-se à própria morte, aprouve-lhe chamar à sua glória eterna o pai de tanto prodígio quanto o que se via na gentilíssima Beatriz. Sabe-se que partir assim é doloroso para quem permanece e que tenha laços de afeto com o que se vai —

e não há amizade mais íntima do que aquela que flui de pai a filho, de bom filho a bom pai. Como esta moça sempre se distinguiu pelo seu elevado grau de bondade e, como o atesta a voz de muitos, era seu pai homem muito bondoso, pode-se imaginar o quanto esta mulher foi atingida por uma dor das mais fundas. Segundo os usos e costumes da mencionada cidade, mulheres reunindo-se com mulheres e homens com homens, na tristeza comum, muitas mulheres se acercaram de Beatriz, que chorava cheia de piedade. Assim que vi algumas delas retornando, aproximei-me para ouvir o que falavam da mais que gentil; entre lamentos, distingui palavras como: "Ela chora de um tal jeito, que a gente podia morrer de dó só de vê-la". Assim que passaram, mergulhei em tal tristeza, que as lágrimas começaram a banhar-me o rosto: procurava escondê-las, e, não fora o fato de continuar a ouvir falar dela, pois as mulheres tinham de passar por onde eu me encontrava, depois dos pêsames, e eu teria me escondido, assim que as lágrimas começaram a escorrer. Assim, outras mulheres passaram conversando coisas como: "Quem de nós pode ficar alegre daqui em diante — depois de ter ouvido esta moça falar de modo tão piedoso?". Ou: "Esse moço chora como se a tivesse visto, tal como a vimos". Outras, ainda: "Veja como mudou, não parece mais o mesmo". Foi o que ouvi, de mim e dela, da boca dessas mulheres que passavam por mim. Pensando nisso, pus-me a alinhar certas palavras — um motivo digno não me faltava — destinadas a contar o que havia ouvido dessas mulheres. Eu as teria interpelado, de bom grado, não fora o temor de ser inconveniente; mesmo assim, pude captar matéria e assunto suficientes, como se as tivesse interpelado e elas respondido. Fiz dois sonetos: no primeiro, faço as perguntas que então desejei fazer; no segundo, falo das respostas, colhendo os trechos que ouvi como se tivessem sido respostas. O primeiro começa com *Vocês que trazem o rosto contrito*; o segundo: *Você é aquele que vive falando*:

> *Vocês que trazem o rosto contrito,*
> *cabeças baixas, tristes olhos fundos,*

> *de onde vêm vocês? Quando eu os fito,*
> *parecem da Piedade oriundos.*
>
> *Será que terão visto o Amor, aflito,*
> *banhar-lhe as faces, vindo de outros mundos?*
> *Digam o que no íntimo admito,*
> *pois nunca vi tão nobres gestos juntos.*
>
> *Se vocês viram tanta dó e piedade,*
> *fiquem um pouco, por favor, comigo*
> *e nada omitam sobre a mais que dama.*
>
> *Se fixo o olhar na dor que as invade*
> *e vejo os rostos transtornados, digo:*
> *"Maior é a dor de quem a dor derrama".*

Este soneto se divide em duas partes: na primeira, chamo e pergunto a essas mulheres se vêm de estar com ela, dizendo que creio nisso por ver que suas expressões parecem mais gentis; na segunda, solicito que me falem dela. A segunda parte começa com *Se vocês viram*. Segue-se o outro soneto, a que nos referimos antes:

> *"Você é aquele que vive falando*
> *de nossa dama, só falando a nós?*
> *Não reconheço o rosto, só a voz,*
> *como quem de figura vai trocando.*
>
> *Por que chorar assim, em tal desmando,*
> *de modo a provocar penas e dós?*
> *Você a viu chorar, foi isso? E após,*
> *a mente não explica o como e o quando?*
>
> *Chorar, partir — e é só! Não leve ofensa:*
> *não deseja consolo nem conforto*
> *quem pôde ouvi-la em sua dor imensa.*

*

> *Ouvir — sem ver: naquele rosto absorto*
> *Piedade deixou marca tão intensa,*
> *que quem ousasse olhá-lo estaria morto."*

Este soneto tem quatro partes, de acordo com as quatro maneiras de falar das mulheres, em nome das quais respondo. Como essas partes estão claramente manifestas, não me detenho em esclarecer o significado de cada uma, limitando-me apenas a apontá-las. A segunda parte começa com *Por que chorar assim*; a terceira: *Chorar, partir*; a quarta: *Ouvir — sem ver*.

23

Transcorreram alguns dias depois disto, quando, em alguma parte da minha pessoa, alojou-se uma dolorosa enfermidade, que me fez padecer profunda e continuadamente, durante nove dias: tão debilitado fiquei, que era obrigado a assumir a posição daqueles que não se podem mover. Ao chegar o nono dia, sofrendo dores quase intoleráveis, veio-me um pensamento ligado a ela. Depois de pensar nela durante algum tempo, voltei a considerar a minha vida quebrantada: vendo como era breve a sua duração, mesmo gozando de boa saúde, pus-me a chorar de comiseração por mim mesmo, ante tanta miséria. E me dizia, entre profundos suspiros: "Necessariamente, um dia, Beatriz, a mais que gentil, também há de morrer". Invadiu-me então um desespero tão grande, que fechei os olhos e comecei a delirar como uma pessoa frenética, a imaginar coisas, como: no início dos errores da minha fantasia, apareceram-me uns rostos de mulheres desgrenhadas, que diziam: "Você também há de morrer". Depois destas mulheres, surgiram certos rostos horrendos, que me diziam: "Você está morto". Na minha fantasia errante, cheguei a um lugar desconhecido: vi mulheres desgrenhadas chorando pelas ruas, estranhamente tristes;

o sol se apagava e as estrelas, surgindo, cintilavam como se chorassem; os pássaros caíam mortos do ar e grandes tremores abalavam a terra. Maravilhado e amedrontado com tais prodígios, como que senti a voz de um amigo, que dizia: "Então, você não sabe? Foi-se deste mundo a sua dama, a mais do que gentil". Pus-me então a chorar com tanto sentimento que, da imaginação, as lágrimas, verdadeiras, me passaram aos olhos. Vi-me olhando em direção ao céu e bandos de anjos se elevavam aos céus, seguindo uma nuvenzinha branquíssima. Tive a impressão de que cantavam em júbilo glorioso e eu podia distinguir algumas poucas palavras, como "Glória nas alturas".[24] O coração, com todo o amor que tinha, então me disse: "Sim, é verdade: morreu a nossa senhora". Em seguida, vi-me a caminho, para ver o corpo que um dia abrigou aquela gentilíssima alma santa; tão poderosa se mostrou a minha errática fantasia, que nela apareceu a mulher morta: vi mulheres cobrindo o seu rosto com um véu branco, e esse rosto, banhado de humildade, parecia dizer-me: "Neste sono estou vendo o princípio da paz". Ante esta visão, fui acometido de um tal sentimento de humildade, que clamei pela Morte: "Doce Morte, venha a mim, não me seja vilã ou vil, que só pode ser nobre quem com ela esteve; venha a mim, pois eu a quero tanto, que já no rosto se me vê!". Depois que vi cumprirem-se todos os dolorosos misteres que se usam para com os corpos dos mortos, retornei ao meu quarto e me vi olhando para o céu; tão forte era a minha imaginação que, chorando, disse estas palavras, de verdade: "Ó alma belíssima, abençoado quem a vê!". Quando assim falava estas palavras, entre dolorosos soluços de pranto e clamando à Morte que viesse buscar-me, uma jovem gentil que estava ao lado da cama, crendo que as minhas palavras e o meu choro eram devidos tão-somente à dor que a enfermidade me causava, começou a chorar, bastante amedrontada. Por isso, outras mulheres que estavam no aposento se deram conta do meu choro, ao ouvir o choro dela. Afastando-a de mim — ligavam-me a ela estreitos laços de família —, procuravam despertar-me, certas de que eu estava sonhando, dizendo: "Não durma mais" e "Não se torture". Ante essas vozes, a minha fantasia teve fim, justamente no ponto em que eu estava para pronunciar "Ó Beatriz, bendita seja"; já havia começado a falar "Ó Beatriz", quando, despertando, abri os olhos e vi que estava enganado. Por mais que eu gritasse o nome, a minha voz era de tal sorte entrecortada pelos soluços, que as mulheres não podiam saber que nome era, segundo creio. Fiquei muito envergonhado e para elas me voltei, talvez por conselho do Amor. Quando me viram, começaram a comentar entre si: "Parece morto" e "Vamos consolá-lo"; dirigiram-me muitas palavras de conforto e às vezes me perguntavam se eu estava com medo, e medo de quê. Já mais reconfortado e dando-me conta da enganosa imaginação, respondi: "Vou dizer o que aconteceu comigo". Então, do começo ao fim, eu lhes contei o que havia visto, calando o nome da mais que gentil. Depois disto, já curado da doença, dispus-me a dizer palavras a respeito do que me havia sucedido, julgando que fosse coisa agradável de se ouvir. Compus então a canção que começa com *Mulher piedosa e de bem pouca idade*, organizada segundo a divisão infra:

> *Mulher piedosa e de bem pouca idade,*
> *singular pelos dons que Deus lhe deu,*
> *foi o que vi à minha cabeceira.*
> *Logo pôs-se a chorar, entre a piedade*
>
> *e o medo, ao ver-me a delirar, ao céu*
> *pedindo a paz da hora derradeira.*
> *Outras moças acorrem com o escarcéu*
> *daquela que chorava forte assim.*
>
> *Afastam-na, a fim*
> *de trazer-me à razão e aos meus sentidos,*
> *dizendo: "Não durma!"* — *aos meus ouvidos*
> *e indagando: "Que mal o acometeu?"*

*Mas do delírio estranho à vida vim
gritando o nome dela só pra mim.*

    *Doía tanto a voz quando eu gritava,
    roída pela angústia do meu pranto,
    que só o coração ouviu: "Beatriz".
    Apesar da vergonha que tomava*

    *conta da minha cara cor de espanto,
    o Amor foi meu parceiro e meu juiz:
    ao ver-se pálido em meu rosto, quis
    que elas falassem só do meu abalo:*

    *"Devemos consolá-lo",
    dizia uma à outra, humildemente.
    E um pouco mais mordente:
    "Quem faz você tão fraco e infeliz?"*

    *Saindo do torpor, mordi o talo
    do gosto da vida: "Urge contá-lo".*

*Dispondo-me a pensar na vida breve
e como o meu durar não dura nada,
senti o Amor chorar no coração.
Já não sabendo mais onde a alma esteve,*

*senti que ela dizia, de sua morada:
"A Morte vai levá-la, sem perdão".
Um desespero tal tomou-me então,
que eu cerrei os olhos nas suas dobras*

*e, tontos nas manobras,
erravam meus espíritos à toa.
Em seguida, ressoa
uma voz sem verdade e sem razão,*

*

uma voz de mulher ou de mil cobras:
"— Você, da Morte, é só uma das obras".

Puseram-se a girar coisas estranhas
no louco imaginar de um mundo insano;
não sabia onde estava; desgrenhadas,
mulheres se pungiam até as entranhas

e do sofrido olhar, mesmo sem dano,
flechas de fogo eram desfechadas
e eu julguei ver, aos poucos, nas estradas
do céu, sumir o sol, surgir a estrela,

chorando ele e ela.
Despencavam os pássaros, sem asas,
ruíam as casas.
Um homem rouco, as cores descoradas,

chega e me diz: "Você não sabe dela?
Morreu a sua gentil que era tão bela".

Erguendo o meu olhar lacrimejante,
vi uma chuva de maná de prata:
eram anjos buscando o infinito,
tendo uma nuvenzinha por diante.

Mais não revelo ou digo, salvo a grata
exclamação de "Hosana!", no seu grito.
E Amor me disse: "Nada lhe é interdito:
venha ver a sua amada que ali jaz".

O imaginar falaz
levou-me a ver a morta, minha amada,

e quase não vi nada:
as mulheres cumpriam, do véu, o rito.

Mas do que vi posso falar, veraz:
sua humildade dizia: "Descanso em paz".

Senti-me tão humilde em meu sofrer,
vendo nela a humildade tomar forma,
que eu disse à Morte: "Como você é doce!
Você é nobre e nobre deve ser,

por aprender com ela a boa norma:
devo-lhe piedade e não desdém". Fosse
necessário, eu diria: "Quem me trouxe
esta vontade de morrer? Você.

E com você pareço — é o que se crê".
Quando desvaneceu-se a ilusão,
a sós comigo, então,
eu disse, como alguém que ao céu votou-se:

"— Alma gentil, feliz de quem a vê!
Chamou-me à luz a luz de sua mercê".

Esta canção tem duas partes: na primeira, dirigindo-me a pessoa indefinida, falo de como fui tirado de uma vã fantasia por certas moças e de como a elas prometi narrá-la; na segunda, digo de como a narrei. E esta parte começa assim: *Dispondo-me a pensar*. A primeira parte se divide em duas: na primeira conto o que certas mulheres — especialmente uma delas — falaram e fizeram durante o meu delírio, até que eu tivesse retornado a mim; na segunda, digo o que elas me disseram, depois que abandonei as fantasias delirantes — e esta parte começa com *Doía tanto a voz*. De forma que, quando digo *Dispondo-me a pensar*, estou falando do modo como lhes narrei estas minhas imaginações. Em relação a isso, desenvolvo duas partes: na primeira falo, de modo ordenado, desta imaginação; na segunda, dirigindo-me àquelas que me chamaram, agradeço, em conclusão; esta parte começa com: *Chamou-me à luz*.

24

Depois dessa vã imaginação, aconteceu que, um certo dia, estando eu pensativo em algum lugar, comecei a sentir um forte tremor no coração, como se estivesse na presença daquela mulher. Devo dizer que tive uma visão do Amor e que a minha impressão é que ele vinha dos lados onde morava a minha dama e que alegremente murmurava ao meu coração: "Não deixe de bendizer o dia em que eu o possuí: seria bom que você o fizesse". Meu coração ficou tão pleno de alegria que já não parecia o mesmo, dada a sua nova condição. Pouco depois destas palavras, que o coração me sussurrou com a língua do Amor, vi que se aproximava uma jovem gentil, de famosa beleza, senhora do coração daquele primeiro amigo meu. Joana era o seu nome, mas, segundo o juízo de alguns, era chamada Primavera, devido à sua beleza. Vi então que, logo depois dela, vinha a maravilhosa Beatriz. Essas moças passaram por mim, uma após outra, e eu tive a impressão de que o Amor me murmurava ao coração: "A primeira é chamada Primavera só em razão daquela que aqui comparece hoje; fui eu que levei o padrinho batizador a chamá-la assim, Primavera, aquela que primeiro há de ver o dia em que Beatriz se há de mostrar ao seu fiel seguidor, depois de sua visão delirante. E, se você quiser levar em conta o seu verdadeiro nome, Joana, é o mesmo que dizer 'primeira a ver e a vir', tal como aquele João que primeiro anunciou a luz da verdade: '*Eu sou a voz que clama no deserto: preparem o caminho do Senhor*'".[25] Depois, disse-me ainda estas palavras: "Quem quisesse pensar mais demoradamente, perceberia que Amor seria o nome de Beatriz, tantos os traços de semelhança para comigo". Daí que eu, tornando a pensar no caso, propus-me escrever algumas palavras rimadas ao meu primeiro amigo — omitindo certas palavras que julguei devessem ser cortadas, certo de que o seu coração ainda estivesse preso à gentil Primavera —,[26] e compus o seguinte soneto:

> *Senti que despertava no meu peito*
> *um amoroso espírito dormente,*
> *vindo de longe e alegre, de tal jeito*
> *que não reconhecia, de tão contente:*
>
> *"Dê-me satisfação, renda-me preito",*
> *ele dizia, num dizer ridente.*
> *Os dois na esquina, como um bom sujeito,*
> *vimos a Jô e a Bia em meio à gente.*
>
> *Vieram em nossa direção as duas,*
> *primeiro, Mona Vana e, após, Beatriz,*
> *— e cada qual mais bela, num duelo.*
>
> *O Amor falou baixinho, entre duas ruas:*
> *"Primeiro, a Primavera, e ela diz*
> *que atrás vem ele mesmo, o Amorelo".*

Este soneto tem muitas partes: a primeira delas fala de como voltei a sentir aquele costumeiro tremor no coração e como a figura do Amor me apareceu como que alegre e como que vindo de longe; a segunda relata como me pareceu que o Amor murmurasse no meu coração, e o que falava; a terceira diz como, depois de ele estar junto de mim durante algum tempo, vi e ouvi certas coisas. A primeira parte começa com *Dê-me satisfação*; a segunda: *Os dois na esquina*. A terceira parte se divide em duas: na primeira, narro o que vi; na segunda, o que ouvi. A segunda começa com *O Amor falou baixinho*.

25

Aqui, poderia alguém, dentro da maior seriedade e consideração, levantar dúvidas sobre o meu modo de considerar o Amor como coisa em si, não apenas substância inteligente, mas também substância corpórea — o que, em verdade, implicaria falsidade, pois o Amor, por si, não é matéria ou substância, mas um acidente em substância.[27] Que eu a ele me refira como se fosse corpo, e até pessoa humana, torna-se manifesto em três referências que faço. Digo que o vi chegar: ora, vê-lo chegar indica movimento local, algo localmente móvel por si mesmo, como diz Aristóteles, tal como ocorre com o corpo, donde eu indicar que o Amor é um corpo. Digo ainda que ria e falava, coisas que parecem próprias do homem, que só a este é dada a capacidade de rir — donde eu parecer concluir que se trata de um homem. Para que tais declarações sejam compreendidas nos dias de hoje, é preciso ter em consideração que, antigamente, não havia quem falasse do amor em língua corrente vulgar, mas apenas alguns poetas que falavam de amor em latim. Entre nós — embora, entre outros povos, como na Grécia, isso tenha ocorrido e talvez ainda ocorra — só os poetas letrados, e não os populares, tratavam dessas questões. Não faz muito que começaram a aparecer por aqui esses poetas da língua vulgar, pois que rimar em língua corrente equivale, de certo modo, a fazer versos em latim. Que isto venha ocorrendo há pouco tempo, indica-o o fato de que, se quisermos encontrar algo a respeito, na língua *d'oc* ou na língua do *sì*,[28] nada encontraremos além de um século e meio atrás. A razão pela qual alcançaram fama de versejar na língua corrente alguns versejadores rudes é a de que foram os primeiros a rimar na língua do *sì* — e o primeiro que começou a dizer *sim* na língua vulgar justamente o fez para que fosse entendido por sua dama, que tinha dificuldades de entender versos latinos. Isto já não calha bem àqueles que tratam de assuntos outros que não os de amor, pois tal modo de falar foi criado inicialmente para falar de amor. Segue que, assim como aos poetas da tradição é concedida maior licença poética do que aos que escrevem em prosa, e considerando-se que os rimadores não são senão poetas do falar comum, é justo e razoável que a eles também seja concedida maior licença do que aos demais escritores da língua vulgar; daí que, se alguma figura ou cor de retórica se concedem ao poeta culto tradicional, que também sejam concedidas ao rimador. Em conseqüência, se vemos que os poetas dirigiram-se às coisas inanimadas como se estas tivessem senso e razão, fazendo-as falar entre si — e não só de coisas verdadeiras, mas também não verdadeiras, isto é, falando de coisas que não existem, tratando de muitas coisas como se fossem matéria e gente —, é justo que o rimador proceda de forma semelhante; não de modo desarrazoado, mas com razões que depois permitam explicações em prosa. Que os poetas tenham procedido assim pode-se ver em Virgílio, quando diz que Juno, deusa inimiga dos troianos, assim se dirige ao senhor dos ventos, no canto primeiro da *Eneida*: "*Ó tu, Éolo*",[29] ao que este responde: "*É a ti, rainha, que compete levar a cabo a empresa que desejas aproveitar; a mim compete obedecer às ordens divinas, solicitamente*".[30] Nesse mesmo poeta, vemos falar uma coisa inanimada a outra, animada, como no terceiro canto do mesmo poema: *Dardânidas duros*;[31] em Lucano, ouvimos a coisa animada dirigir-se à coisa inanimada: "*Contudo, Roma, muito deves às armas civis*".[32] Em Horácio, um homem se dirige à própria ciência, como se esta fosse uma pessoa, e não são somente palavras suas, pois na *Poética* ele as diz recitando à maneira do velho Homero: "*Musa, fala-me do filtro*".[33] E Ovídio faz o Amor falar como se fosse pessoa humana, no início do *Livro dos remédios do amor*: "*Vejo guerras e ouço preparativos de guerras*".[34] Com isto, julgo ter esclarecido a quem porventura tenha tido dúvidas a respeito de alguma parte deste livrinho. E para que alguém menos informado não escarneça, acrescento que nem os poetas falavam assim sem motivo, nem os rimadores devem falar dessa forma sem algum raciocínio presente no que dizem — pois grande vexame seria para quem rimasse coisas sob roupagens de figuras e cores de retórica, se depois, interpelado, se mostrasse incapaz de despir suas palavras dessas roupas, para que tivessem melhor entendimento. O meu amigo e eu conhecemos muito bem aqueles que rimam de modo inepto.

26

A mais que gentil, a que me referi nas palavras precedentes, granjeou tanto favor junto ao povo que, quando passava na rua, as pessoas acorriam para vê-la e disto me advinha uma grande alegria. Estivesse ela próxima de alguém, tanta honestidade instilava no coração, que a pessoa não ousava erguer os olhos ou sequer retribuir ao seu cumprimento. Muitos deles, tendo já passado pela experiência, poderiam testemunhar até junto a quem não acreditasse: caminhava coroada e vestida de humildade, sem se vangloriar do que via e ouvia. Diziam alguns, assim que ela passava: "Acho que não é mulher, mas um dos mais belos anjos do céu". E outros: "Que maravilha! Rendamos graças ao Senhor, que tão prodigioso se mostra em suas ações!". Mostrava-se tão gentil e tão plena de todas as graças, que aqueles que a olhavam sentiam-se invadidos por uma doçura tão pura que não logravam contar o que sentiam. Não havia quem primeiro a visse que não se visse impelido a suspirar. Essas e outras coisas prodigiosas emanavam dela como virtudes. Foi pensando nisso e para retomar o estilo de sua louvação, que me propus dizer palavras nas quais conseguisse infundir quão milagrosos e superiores eram os seus fluidos, de modo que não apenas aqueles que a pudessem ver com sensibilidade, mas também os demais, conseguissem saber dela o que as palavras podem transmitir. Falei, então, este soneto:

> *É tão gentil e de vaidade isenta*
> *a minha dama, quando alguém saúda,*
> *que a língua logo trava, tartamuda,*
> *e a vista na visão não se sustenta.*

Quando ela passa entre os louvores, lenta,
afável na humildade que não muda,
lembra coisa do céu vinda em ajuda
de todo aquele que um milagre alenta.

Não há graça maior pra quem a mire:
uma doçura, pelo olhar, vai fundo
— e só quem já sentiu pode dizê-lo.

Velando o seu semblante com desvelo,
um espírito do Amor se mostra ao mundo,
dizendo à alma, devagar: Suspire!

Este soneto é de entendimento tão simples, pelo que foi narrado antes, que não se faz necessária qualquer divisão. Mas, deixando-o para trás, devo dizer (27) que a minha dama granjeou tanta estima que não só era louvada e honrada por si mesma, como outras gozavam de igual favor, por causa dela. Daí que, observando estes fatos e desejando torná-los manifestos aos olhos de quem ainda não conseguia enxergar, dediquei-me a compor algumas palavras nesse sentido; disse, então, este outro soneto, começando com *Perfeitamente vê a perfeição*, no qual se fala dos efeitos de sua virtude em outras moças, conforme transparece na sua divisão:

Perfeitamente vê a perfeição
quem, num grupo, distingue a minha dama.
Todas as moças que com ela estão
rendem graças a Deus quando ela as chama.

Sua beleza virtuosa não
provoca inveja nas demais, que a flama
do exemplo para cada qual reclama
vestes gentis de amor e compaixão.

*Tudo à sua volta fica simples, puro,
e não só ela brilha em sua beleza,
mas todas que lhe fazem companhia.*

*Seus gestos são tão nobres, que é perjuro
quem, ao lembrar de sua natureza,
não suspire de amor e cortesia.*

Este soneto tem três partes: na primeira, digo para quais pessoas essa mulher parece prodigiosa; na segunda, falo de como é graciosa a sua companhia; na terceira, alinho as coisas virtuosas que dela fluem para as outras. A segunda parte começa com *Todas as moças*; a terceira: *Sua beleza virtuosa*. Esta última se subdivide em três: na primeira, conto o que se passava em relação às outras mulheres, por suas virtudes próprias; na segunda, o que se operava nelas, por força de outrem; e na terceira falo como, não somente nas mulheres, mas em todas as pessoas — e não somente em sua presença, bastando somente a sua lembrança —, agia com seus fluidos virtuosos. A segunda parte começa com *Tudo à sua volta*; e a terceira: *Seus gestos são*.

28

Depois disto, um certo dia, comecei a pensar a respeito do que havia dito sobre a minha dama, nos dois sonetos precedentes; e, vendo no meu pensamento que não havia falado sobre o que, ao mesmo tempo, se passava em mim, julguei ver aí uma certa lacuna. Por isso, inclinei-me a dizer palavras nas quais expressasse como estava eu preparado para o seu modo de operar e como agia em mim a sua virtude. Não crendo ser possível dizê-lo com brevidade num soneto, comecei a seguinte canção:

*Por tanto tempo o Amor me teve preso
sob o jugo de sua suserania,*

*que a dureza de sua companhia
hoje se transformou em leve peso.*

*Assim, quando me sinto indefeso,
e os espíritos largam a alma fria,
deixando a marca da doce agonia
que o rosto mostra em sua palidez,*

*o Amor me instila uma tal virtude,
que os espíritos cedem ao seu mando
e partem procurando
por minha salvação, minha saúde.*

*É isto o que se dá, se ela me vê:
coisa bem simples — mas ninguém o crê.*

29

Como você está só, cidade populosa!, mais parecendo uma viúva do que a senhora dos povos.[35] Estava eu ainda entretido com esta canção, tendo apenas composto a parte acima, quando o Senhor da Justiça chamou a mais que gentil à sua glória, sob o pendão da abençoada rainha, a Virgem Maria, cujo nome sempre mereceu a maior veneração nas palavras desta santa Beatriz. E, embora, talvez, fosse oportuno, no momento, tratar de sua partida de entre nós, ainda que brevemente, não tenho a intenção de fazê-lo aqui — e por três razões: a primeira é que este assunto não cabe aqui agora, se se leva em consideração o seu lugar próprio, o prefácio deste livro; a segunda é que, ainda que fosse adequado desenvolvê-lo aqui, a minha língua não seria suficiente para tratá-lo como merece; e a terceira é que, ainda que se aceitasse tanto uma disposição como a outra, não me conviria comentá-lo, pois, se o fizesse, me transformaria num lisonjeador em causa própria, coisa sempre condenável em quem o pratica: entrego, pois, a tarefa nas mãos de um outro glosador. Todavia, como muitas vezes o número nove compareceu nas palavras até agora escritas, e não sem justa razão, ao que parece, já que esse número tem muito a ver com a sua partida, convém que eu diga alguma coisa a respeito, dentro da conveniência dos meus propósitos. Então, em primeiro lugar, falarei de sua relação com a sua partida e, em seguida, alinharei alguns motivos que fizeram com que esse número encontrasse tanta acolhida por parte dela.

30

Devo dizer então que, segundo os costumes da Arábia,[36] a sua nobilíssima alma se foi deste mundo na hora primeira do nono dia do mês; já, segundo o modo vigente na Síria, ela partiu no nono mês do ano, sendo que, lá, o primeiro mês é chamado de primeiro Tixirim, correspondente ao nosso mês de Outubro; segundo o nosso sistema, ela se foi naquele ano em que o nosso cômputo de anos d.C. indica que o número perfeito havia completado nove voltas daquele século que a viu vir à luz da vida — ou seja, o século XIII, para os cristãos.[37] Uma das razões pela qual esse número encontrava tão favorável acolhida por parte dela é que, segundo Ptolomeu e a verdade cristã, nove são os céus que se movem; segundo a opinião corrente entre os astrólogos, como os referidos céus adotam aqui embaixo posições que correspondem aos seus agrupamentos habituais, este número era favoravelmente ligado a ela por indicar que, na sua data de nascimento, todos os nove céus móveis se haviam reunido em perfeitíssima conjunção. Esta é uma das razões; porém, pensando um pouco mais profundamente, segundo a verdade infalível, ela própria era esse número, por semelhança e analogia, segundo entendo. O número três é a raiz do número nove e perfaz nove sem o concurso de qualquer outro número, como se vê claramente quando se multiplica três por três. Logo, se o número três, por si mesmo, é o fator de nove e se o três, por si mesmo, é o fator dos milagres — o Pai, o Filho e o Espírito Santo, que são três em um —, essa mulher foi sempre acompanhada pelo número nove para indicar que ela era um nove, vale dizer, um milagre, cuja raiz só pode ser encontrada na Santíssima Trindade. Talvez alguém mais arguto possa encontrar razão mais sutil: a que eu percebo é esta e é a que mais me agrada.

31

Depois que ela se foi deste século, a cidade inteira se viu como uma viúva despojada de toda a sua dignidade; foi por isso que, ainda chorando por suas ruas, escrevi algo sobre a sua condição aos príncipes da Terra, abrindo com o início das lamentações do profeta Jeremias: "*Como você está só, cidade!*".[38] Digo isto para que alguém não se admire do fato de eu ter feito esta citação em latim, linhas atrás, à guisa de introdução do novo assunto que se seguiu. Se alguém quiser censurar-me por isso, por não escrever aqui as palavras indicadas pelas anteriores na epístola, peço desculpas, alegando ao meu favor que a minha intenção, desde o início, não foi outra senão a de escrever em vernáculo, e como as palavras que se seguem àquelas citadas são todas em latim, transcrevê-las aqui escaparia ao meu escopo. Estou certo de que a mesma intenção animou aquele meu primeiro amigo a quem escrevi,[39] a saber, que eu lhe escrevesse somente em vernáculo.

32

Os meus olhos já haviam derramado lágrimas durante muito tempo, sem conseguir desafogar minha tristeza, tão esgotados estavam; pensei então poder aliviá-la com algumas palavras dolorosas: assim, propus-me fazer uma canção, na qual, chorando, falasse dela e também da minha alma a destruir-se de tanta dor por sua causa. Comecei então uma canção que assim começa: *Sofrendo, os olhos, como o coração*; e, para que ela possa transmitir maior viuvez ainda depois de completada, vou dividi-la antes de escrevê-la — e tal critério adotarei daqui para a frente.

Digo, pois, que esta dolorosa canção tem três partes: a primeira é uma introdução; na segunda, falo dela; na terceira, dirijo-me à canção com pena. A segunda parte começa com *Ela se foi ao círculo*; e a terceira: *Lastimável canção*. A primeira parte se divide em três: na primeira, falo do motivo que me levou a compô-la; na segunda, digo a quem desejo dirigir-me e, na terceira, de quem quero falar. A segunda começa com *Não quero e não me é dado esquecer*; a terceira: *— e fala aos prantos*. Assim, quando digo *Ela se foi ao círculo*, falo dela e desenvolvo o tema em duas partes; em seguida falo de como a sua partida é lamentada: esta parte começa com *E assim, cheia de graça*. Por sua vez, esta parte se divide em três: na primeira, falo de quem não a chora; na segunda, de quem a chora e, na terceira, da minha situação. A segunda parte começa assim: *Mas tristeza e saudade*; a terceira: *Fundos suspiros, grande angústia*. E, quando digo *Lastimável canção*, dirijo-me a esta canção, designando as mulheres que deve procurar e com as quais deve permanecer.

> *Sofrendo, os olhos, como o coração,*
> *tanto verteram lágrimas de pena,*
> *que já não sabem mais como sofrer.*
> *Agora que chegaram à exaustão,*
> *e antes que a dor me leve à morte amena,*
> *só posso, entre gemidos, escrever.*
> *Não quero e não me é dado esquecer*
> *que dela lhes falei, num certo dia,*
> *vocês sempre gentis — e ela, viva.*
> *A minha voz altiva*
> *só fala ao círculo da cortesia*
> *— e fala aos prantos: vi-me, de repente,*
> *a sós comigo, o Amor, e a dor, na mente.*

> *Ela se foi ao círculo supremo,*
> *ao reino onde os anjos gozam paz*

e para estar com eles as deixou.
Não a matou o mal que há no extremo
frio ou calor, tal como a outras faz,
mas só o bem que o bem nela instilou.
Tão forte a sua humildade fulgurou,
que transmitiu ao céu sua virtude,
maravilhando o próprio Criador,
o Qual, por doce amor,
quis ao seu lado tanta beatitude.
Se tão pronto a chamou Nosso Senhor,
foi por ver que esta vida vil e pobre
não era digna de um ser tão nobre.

E assim, cheia de graça, a alma gentil
partiu do belo ser de sua pessoa
e hoje repousa em merecido trono.
Falar dela, sem lágrimas, é vil,
é coisa de um sentir sem coisa boa,
coisa de coração ao abandono.
O coração perverso não é dono
de engenho algum que possa imaginá-la:
por isso, de chorar não tem vontade.
Mas tristeza e saudade,
choro sem fim e tudo o que na alma cala,
que recusa o consolo e até a piedade,
marcam quem a relembra, hora a hora,
como ela era — e não é mais, agora.

Fundos suspiros, grande angústia: a mente
pesada não suporta o pensamento
leve de quem divide a minha vida.
E quanta vez a morte, docemente,
seduz minha vontade: em vão, eu tento
que do meu rosto o seu não faça, ávida!
Se vira idéia fixa a sua partida,
tanta pena me vem de toda parte,

> *que eu tremo todo pela dor que sinto*
> *— e somente consinto*
> *viver-me a sós comigo, o mundo à parte.*
> *Sempre chorando, em minha dor sucinto,*
> *chamo e clamo: "Você morreu, Beatriz?".*
> *Só de chamar, sou menos infeliz.*
>
> *Dilaceram-me o peito angústia e pranto,*
> *quando me encontro só, de tal maneira*
> *que quem me ouve logo se aborrece.*
> *Digo: língua nenhuma pode tanto:*
> *falar da minha vida verdadeira,*
> *depois que a nova vida ela conhece.*
> *Porém, amigas, mesmo que eu quisesse,*
> *não saberia dizer de mim o meu assim:*
> *tanto me dói a vida que ora amargo,*
> *este mísero encargo,*
> *que todo mundo diz: "Longe de mim!",*
> *ao ver meu rosto — e se pondo ao largo.*
> *Mas quem eu sou o sabe a minha dama*
> *e espero dela a graça de quem ama.*
>
> *Lastimável canção, parta chorando*
> *e busque as moças do amável bando,*
> *a quem suas iguais*
> *levavam alegrias e não ais.*
> *Junte-se a ela, filha de outros pais,*
> *as lágrimas e os versos misturando.*

33

Depois que foi falada esta canção, procurou-me uma pessoa que, segundo o rol dos graus da amizade, é o meu principal amigo, depois do primeiro; e era tão ligado por consangüinidade à minha gloriosa dama, que ninguém mais do que ele estava mais próximo. Conversando comigo, pediu-me que escrevesse algo para uma mulher que havia morrido; disfarçava, para que parecesse que falava de uma outra mulher, também morta; daí que eu, percebendo que falava da minha abençoada mulher, disse que sim, que eu faria o que me havia pedido. Empenhei-me, pois, em compor um soneto, no qual me lamentasse, até certa medida, em nome do meu amigo, de modo a parecer que ele o havia composto. Disse, então, o começo que assim começa: *Escutem os suspiros*. Ele tem duas partes: na primeira, conclamo os fiéis do Amor para que me ouçam; na segunda, falo da minha mísera condição. A segunda parte começa com *para que eu não pereça*.

> *Escutem os suspiros de quem chora,*
> *moças gentis, movidas de piedade,*
> *para que eu não pereça de ansiedade,*
> *se, tristes, não vierem para fora.*
>
> *Isto porque os olhos meus, agora,*
> *alívio já não dão, contra a vontade:*
> *de lágrimas não suprem a saudade*
> *e a dor de prantear minha senhora.*
>
> *Vocês vão escutá-los a chamar*
> *pela mais que gentil que nos deixou,*
> *para viver no céu de sua virtude,*
>
> *desprezando esta vida e este lugar,*
> *onde minha alma, que ela abandonou,*
> *de salvar-se, sem ela, não se ilude.*

34

Depois de ter falado este soneto, a pensar naquele a quem eu tencionava oferecê-lo — como se por ele fosse feito —, pobre e nu me pareceu o obséquio que estava prestando a alguém tão ligado à minha gloriosa dama. Antes, porém, de lhe haver oferecido o supratranscrito soneto, compusera duas estrofes de uma canção, uma para ele e outra, em verdade, para mim mesmo, mas de forma que tanto uma como outra pudessem parecer como que dirigidas a uma mesma pessoa — ao menos a um observador menos atento: quem prestar atenção, poderá distinguir claramente que são duas as pessoas que falam, pois que uma não se refere à sua dama, enquanto a outra sim, como transparece de modo manifesto. Dei-lhe, pois, esta canção e o supramencionado soneto, dizendo que os havia composto só para ele. A canção começa com *Todas as vezes* e se divide em duas partes: numa, ou seja, na primeira estrofe, lamenta-se este meu caro amigo tão ligado a ela, e na segunda, ou seja, na segunda parte e estrofe, lamento-me eu: *Então, aos meus suspiros*. Desse modo, fica parecendo que são duas as pessoas que se lamentam — uma como irmão, outra como servidor.

> *Todas as vezes que, ai de mim, me ocorre*
> *que nunca mais vou ver*
> *a mulher que me faz, de amor, doente,*
> *é tanta a dor que o coração percorre,*
> *vinda da mente,*
> *que eu digo à minha alma: "Qual o prazer*
> *de ficar neste mundo? O seu sofrer*
> *será maior, se enorme já não fosse,*
> *e eu, de medo, temo por sua sorte".*
> *Por isso, chamo a Morte,*
> *que eu tenho por descanso suave e doce,*
> *e digo, com amor: "Venha buscar-me",*
> *pois só quem morre pode inveja dar-me.*
> *Então, aos meus suspiros se acrescenta*
> *um coro piedoso,*
> *que chama pela Morte sem cessar.*
> *Já que a Morte a levou, cruel, cruenta,*
> *todo o meu desejar*

a ela se dirige, pressuroso,
pois o encanto daquele ser formoso,
longe dos nossos olhos se apartando,
em belo espírito se transverbera
e faz vibrar a esfera
na luz do amor que, aos anjos acenando,
induz seu elevado entendimento,
pela beleza, ao maravilhamento.

35

Quando se completou um ano da data em que esta mulher se tornou cidadã da vida eterna, estava eu em certo lugar, a recordar-me dela e a desenhar um anjo numas tabuazinhas, quando volvi os olhos e vi uns homens ao meu redor, pessoas a quem julguei dever prestar uma certa honra. Observavam o que eu fazia e, segundo o que depois me foi dito, já estavam ali havia algum tempo, sem que eu me tivesse dado conta. Quando os vi, levantei-me, saudei e disse: "Um outro e outros estavam comigo, por isso meditava". Assim que partiram, retornei à minha tarefa de desenhar figuras de anjos: assim fazendo, ocorreu-me a idéia de dizer algumas palavras de votos de aniversário, dirigidas àqueles que havia pouco tinham estado junto comigo; compus então o soneto que começa assim: *Apareceu em minha mente* — e que tem dois começos; por isso, vou dividi-lo segundo um e outro.

Devo dizer então que, de acordo com o primeiro começo, este soneto tem três partes: na primeira, declaro que esta mulher já estava na minha lembrança; na segunda, falo do que o Amor produzia em mim; na terceira, os efeitos do Amor. A segunda parte começa em *O Amor, que em minha mente*; e a terceira: *saindo do meu peito*. Esta parte se divide em duas: numa, falo que todos os meus suspiros saíam falando, e na segunda declaro que alguns falavam palavras diferentes em relação a outros. A segunda parte começa com *Porém, alguns saíam*. Em relação ao outro início, é a mesma coisa, só que na primeira parte digo quando esta mulher havia aparecido em minha memória, coisa que não digo no outro.

PRIMEIRO COMEÇO

Apareceu em minha mente, um dia,
a senhora gentil de alto valor,
elevada pelo altíssimo Senhor
ao céu dos simples onde está Maria.

SEGUNDO COMEÇO

Apareceu em minha mente, um dia,
aquela que é chorada pelo Amor,
na hora em que vocês, por seu valor,
entravam para ver o que eu fazia.
O Amor, que em minha mente a percebia,
no empenho de o meu peito recompor,
disse: "Saiam!" (para acalmar a dor)
aos suspiros, e cada qual partia,
saindo do meu peito lamentosos,
a pronunciar o nome soberano
que só lágrimas leva aos meus pesares.
Porém, alguns saíam mais pesarosos,
dizendo: "Angélica razão, há um ano
o céu a recebia entre os seus pares".

36

Depois de algum tempo, aconteceu encontrar-me num lugar que me recordava os tempos passados, sempre pensativo a pensar coisas dolorosas e apresentando a quem me visse uma visão de terrível abatimento. Foi quando, num momento de suspensão do meu sofrimento, ergui os olhos para ver se alguém me observava. Vi então uma jovem muito bela e gentil que, de uma janela, me olhava tão compassivamente que, pelos sinais do semblante, parecia haver reunido no rosto toda a compaixão deste mundo. De modo que, assim como os miseráveis que, logo que vêem a sua miséria refletida na compaixão alheia, mais prontamente se dispõem a chorar, como se de si mesmo estivessem sentindo dó, também senti nos olhos uma vontade de chorar; mas, temendo desvelar a ela a minha pobre vida vil, desviei a vista do olhar dessa moça, dizendo a mim mesmo: "Não é possível que nessa piedosa mulher não resida um amor dos mais nobres". Propus-me então dizer um soneto, no qual falasse a ela tudo o que acabo de falar. E, como neste falar tudo é manifesto, não vou fazer divisões:

> *Viram os olhos meus quanta clemência*
> *transpareceu em seu nobre semblante,*
> *ao ver o estado a que constante-*
> *mente a dor reduz minha aparência.*
>
> *Você pensava, dei-me então ciência,*
> *nas agruras de algum viver errante*
> *e eu tive medo então de expor diante*
> *de você a abjeção de uma existência.*
>
> *Furtei-me ao seu olhar, pois já sentia*
> *que as lágrimas subiam do coração,*
> *comovido ao sentir que era visto.*
>
> *Eu disse então à alma que sofria:*
> *"Eu vejo o Amor naquela compaixão,*
> *o mesmo que, ao chorar, me leva a isto".*

37

Sucedeu, pois, que aquela moça, onde quer que me visse, demonstrava um semblante penalizado e de cor pálida, como de apaixonada, e isto me fazia recordar a mais que gentil, que sempre se mostrava de semelhante matiz. E é verdade que, muitas vezes, não conseguindo chorar nem desafogar a minha tristeza, ia procurar aquela mulher piedosa — e só de vê-la as lágrimas saltavam dos meus olhos. Veio então a vontade de dizer algumas palavras que falassem dela; compus, então, o soneto que assim começa: *Da cor do amor* — claro, sem divisão alguma, conforme a razão precedente.

> *Da cor do amor e um jeito de piedade,*
> *jamais se viu tão prodigiosamente*
> *uma mulher — por ver freqüentemente*
> *olhos gentis ou pranto de saudade —*
>
> *como você, assim que a crueldade*
> *da minha dor se expõe à sua frente;*
> *e é por você que algo me vem à mente,*
> *que rói do coração a integridade.*
>
> *Nos meus olhos, ruínas: é o que vejo,*
> *meus olhos, que só buscam seu olhar,*
> *pela vontade de chorar que têm.*
>
> *O ver você aumenta o seu desejo*
> *e nisto se consomem sem cessar*
> *— mas não sabem chorar, assim que a vêem.*

38

Tanto procurei ver essa mulher, que os meus olhos começaram a sentir demasiado prazer em vê-la; por isso, muitas vezes me inculpava no íntimo, sentindo-me bastante vil — e outras tantas vezes increpava a vaidade dos meus olhos, dizendo-lhes, no meu pensar: "Ora, vocês costumavam provocar lágrimas naqueles que viam a sua dolorosa condição e agora parece que gostariam de esquecê-lo por causa dessa mulher que os olha — mas que não olha para vocês, a não ser na medida em que lhes deve pesar a perda da gloriosa dama pela qual vocês costumavam chorar; mas, por mais que façam, eu os lembrarei de contínuo, malditos olhos, que jamais — a não ser depois da morte — hão de vocês estancar as suas lágrimas". Enquanto assim falava no íntimo aos meus próprios olhos, grandes e angustiados suspiros me assaltavam. Para que esta guerra que eu sustentava comigo mesmo não ficasse conhecida apenas pelo pobre que a sofria, dispus-me a escrever um soneto que tratasse desta horrível situação. E disse o soneto que assim começa: *Olhos, vocês choraram*. Ele tem duas partes: na primeira, falo aos meus olhos como o coração falava a mim; na segunda, removo algumas dúvidas, declarando quem é que fala assim — e esta segunda parte começa com *Assim, meu coração*. Outras divisões poderiam caber, mas seriam inúteis, dado o que acabo de dizer:

> *"Olhos, vocês choraram triste choro,*
> *por largo tempo, nesta temporada,*
> *fazendo muita gente, apiedada,*
> *chorar o mesmo choro em mesmo coro.*
>
> *Acho, porém, que é falta de decoro*
> *— como se eu fosse uma alma vil, danada —*
> *que tivessem, assim, por quase nada*
> *aquela que é tudo no meu foro.*
>
> *Vaidade é o que vejo em seu intento*
> *e temo pela sua e minha sorte,*
> *se tal produz mulher que os olha e mira.*
>
> *Vedados de esquecê-la: é o julgamento*
> *que lavro — e só se anula com a morte."*
> *Assim, meu coração — e assim suspira.*

39

Tornei a ver dentro de mim aquela mulher, em condições extraordinárias, pois muitas vezes pensava nela como pessoa que muito me agradasse, dizendo assim: "Trata-se de uma mulher gentil, bela, jovem e instruída, que talvez tenha aparecido na minha vida por vontade do Amor, para que eu tenha algum repouso". Outras vezes, pensava nela com mais carinho, na medida em que o coração consentia em tal pensamento. Dado este consentimento, eu voltava a dizer-me, como se movido pela razão: "Meu Deus, que pensamento é este que de modo tão vil quer consolar-me, já que não deixa lugar para nenhum outro?". Surgia depois um outro pensamento, que me dizia: "Ora, você passou por tantas tribulações; por que não poupar-se de mais amarguras? Você pode bem ver que isto é uma inspiração do Amor, o qual primeiro produz desejos de amor, que fluem daquela parte gentil dos olhos da mulher que tanta compaixão demonstrou". Daí que eu, muitas vezes em desavença comigo mesmo, decidi dizer algumas palavras, e como na guerra dos pensamentos venciam sempre os que falavam dela, pareceu-me oportuno igualmente falar dela, e compus o soneto que começa com *Um pensamento nobre* — e digo "nobre" enquanto referindo-se a essa mulher, pois que em outro sentido era bastante vil.

Neste soneto, eu me divido em dois, segundo a divisão dos meus pensamentos. Chamo de coração a uma das partes, ou seja, o apetite; e a outra é a alma, ou seja, a razão; e falo de como um se relaciona ao outro. Que o apetite possa ser chamado de coração, e a alma de razão, é algo que acredito ser bastante claro àqueles a quem me agrada revelar estas coisas. É verdade que, no soneto anterior, contraponho o coração e os olhos — o que parece contrariar o que ora digo: mas é que, ali, também entendo o coração como o apetite, só que o meu desejo maior ainda era o de lembrar-me da minha senhora mais que gentil, maior do que o desejo de ver esta aqui, pois que, embora apetite houvesse, grande não me parecia — daí que um falar não contradiz o outro.

Este soneto tem três partes: na primeira, começo a dizer a essa mulher como o meu desejo se volta inteiro para ela; na segunda, o que a alma, ou seja, a razão, diz ao coração, ou seja, ao apetite; na terceira, narro como ele responde. A segunda parte começa com *A alma então lhe diz*; a terceira: *"Desconfiada!"*.

Um pensamento nobre que a recorda
se achega junto a mim como um costume
e com palavras doces, sem queixume,
vibra no coração a mesma corda.

A alma então lhe diz: "Você concorda
em que um tal pensamento aqui se arrume,
de modo a não deixar que venha a lume
sequer um outro que do seu discorda?"

"Desconfiada!" — o coração replica —
"É um novo espírito de amor, apenas,
que vem lhe apresentar os seus desejos.

O seu valor e a sua vida rica
dos olhos da piedade são lampejos
de alguém que se doeu de nossas penas."

40

Contra esse adversário da razão, ergueu-se um dia, por volta do meio-dia, uma poderosa imaginação em mim, na qual me pareceu ver a gloriosa Beatriz naquelas vestes sangüíneas com que aos olhos meus surgiu pela primeira vez — e era jovem, com a idade com que primeiro a vi. Pus-me então a pensar nela, lembrando-a segundo a ordem do tempo decorrido — e o meu coração começou a arrepender-se dolorosamente do desejo a que se havia entregue de maneira vil, por alguns dias, contra a constância da razão; expulso esse desejo malfazejo, voltaram-se todos os meus pensamentos para a gentilíssima Beatriz. A partir de então, comecei a pensar nela com todo o meu coração envergonhado, tal como o demonstravam muitas vezes os meus suspiros — e todos, ao saírem, falavam daquilo que no coração se falava, ou seja, o nome da mais que gentil e de como foi que nos deixou. Muita vez sucedia que um que outro pensamento consigo trazia tanta dor, que eu até dele me esquecia, bem como do lugar onde me encontrava. Com esse reacendimento dos suspiros, reacendeu-se o antes mitigado verter de lágrimas, como se os meus olhos não fossem senão duas coisas que outra coisa não desejassem senão chorar; e muitas vezes ocorria que, pelo contínuo pranto, formavam-se olheiras vermelhas, tal como costuma aparecer nas pessoas que padecem martírio. Donde se vê que, por sua vaidade, foram devidamente punidos: desde então, não mais puderam olhar para alguém que lhes pudesse acarretar inclinações iguais às de antes. Daí que, desejando que se destruíssem tanto o desejo malvado como a vã tentação, de modo que nenhuma dúvida pudesse pairar sobre as palavras anteriormente rimadas, pus-me a compor um soneto no qual resumisse o significado deste pensar. Disse, então: *Basta! Por força dos suspiros* — querendo significar, com este *Basta!*, o quanto me envergonhava pela leviandade do meu coração. Não vou dividi-lo, porque o seu conteúdo é bem claro.

> *Basta! Por força dos suspiros em excesso,*
> *vindos do pensamento do meu peito,*
> *os olhos derrotados não têm jeito*
> *de encarar ninguém, em seu recesso.*
>
> *E parece que são direito e avesso,*
> *um macerado, outro ao chorar afeito,*
> *formando aquele olhar, do Amor efeito,*
> *símbolo do mártir inconfesso.*

*

>*Suspiros, pensamentos que eu emito*
>*no coração, são tão angustiantes,*
>*que o próprio Amor, de dor, perde os sentidos.*
>
>*É que eles trazem, cada um, escrito,*
>*um doce nome: todos os restantes*
>*são nomes de sua morte em meus ouvidos.*

41

Depois dessa tribulação, aconteceu que, naquela época do ano em que muita gente se dirige a Roma para ver o pano-da-verônica, no qual Jesus Cristo deixou impressa uma imagem do seu belíssimo rosto — e que a minha dama contempla em toda a sua glória —, vi alguns peregrinos numa rua do centro da cidade, onde nasceu, viveu e morreu a mais que gentil. Caminhavam pensativos, segundo observei; pensando neles, disse a mim mesmo: "Estes peregrinos parecem vir de muito longe e não creio que tenham ouvido ou saibam alguma coisa dela; talvez seus pensamentos estejam voltados para algo bem diverso, talvez pensem nos amigos distantes, que não conhecemos". Pensei ainda: "Acho que, se viessem de um lugar próximo, de algum modo os seus rostos se haveriam de turbar, se passassem pelo centro de nossa dolorosa cidade. Se eu os pudesse entreter um pouco, eu os faria chorar antes que saíssem dos limites da cidade, falando palavras que haveriam de provocar lágrimas em quem quer que as ouvisse". Por isso, assim que se afastaram dos meus olhos, pus-me a imaginar um soneto no qual manifestasse o que havia dito a mim mesmo; e, para emprestar-lhe um caráter mais piedoso, propus-me a dizê-lo como se tivesse me dirigido a eles. Compus então o soneto que começa assim: *Oi, peregrinos que, tão pensativos*. Emprego "peregrinos" no sentido amplo do vocábulo, já que os peregrinos podem ser classificados em duas categorias, uma ampla e outra restrita. No primeiro, a palavra designa quem quer que esteja longe de sua pátria; no sentido restrito, peregrino é aquele que se dirige a Santiago de Compostela, ou que de lá regressa. Mas é preciso saber que três são as denominações emprestadas de modo próprio às pessoas que se põem a caminhar a serviço do Senhor. São chamados de "palmeiros" aqueles que se dirigem ao ultramar oriental, de onde trazem palmas; chamam-se "peregrinos" aqueles que vão a Santiago, na Galícia, pois que a sepultura de São Tiago é aquela que se encontra mais distante da pátria dos apóstolos; e o nome de "romeiros" é dado aos que vão a Roma — que é aonde se dirigem estes que ora chamo de "peregrinos".

> *Oi, peregrinos que, tão pensativos,*
> *relembram coisas longe do presente,*
> *é tão distante a terra de sua gente*
> *— como indicam seus traços compreensivos —*
>
> *que os não vejo chorar tão compassivos,*
> *ao cruzarem a cidade diferente,*
> *igual a um visitante insciente*
> *do mal que se abateu em seus nativos?*
>
> *Se esperarem um pouco, vou falar,*
> *pela voz dos suspiros do meu peito,*
> *do meu sofrer, do meu pesar tamanho:*
>
> *Morreu quem a cidade ia salvar*
> *e o que dela se diz tem o efeito*
> *de comover até um povo estranho.*

42

Depois disso, duas mulheres gentis me fizeram saber que desejavam que eu lhes enviasse alguma destas peças rimadas; levando em consideração a sua nobreza, inclinei-me a enviar-lhes não apenas essas, mas também alguma coisa nova, de modo a atender de maneira mais obsequiosa à sua solicitação. Disse então um soneto que fala do meu estado, que enviei junto com o anterior e com outro mais, que assim começa: *Venham ouvir*.

O soneto que compus então começa com *Além da esfera* e tem cinco partes. Na primeira, digo para onde vai o meu pensamento, nomeando-o por um de seus efeitos. Na segunda, pergunto por que deseja ir àquelas alturas, ou seja, o que o move a tal. Na terceira, conto o que vi, ou seja, uma mulher venerada naquelas alturas — e eu o chamo de "espírito peregrino", pois que espiritualmente para lá se dirige, assim como um romeiro que está longe de sua terra. Na quarta, falo de como ele a vê dessa forma, ou seja, com uma tal qualidade própria que não consigo entender: o meu pensamento atinge essa qualidade num grau que o meu intelecto não pode compreender, pois o nosso intelecto está em relação àquelas almas bendita assim como o olho está para o sol, sempre mais débil — e é isso o que diz o Filósofo,[40] no segundo livro de sua *Metafísica*. Na quinta, digo que, embora a minha inteligência não possa atingir o lugar aonde o pensamento a conduz, ou seja, a sua prodigiosa qualidade, ao menos consigo compreender uma coisa, a saber: todo esse pensar se refere à minha dama, porque o seu nome está sempre presente no meu pensamento; e, no fim desta quinta parte, pretendo dirigir-me às damas gentis, ao descrever a viagem do suspiro amoroso.[41] A segunda parte começa com *é um saber novo*; a terceira: *E quando chega ao ponto*; a quarta: *Depois de vê-la*; e a quinta: *Mas eu bem sei*. Poderia dividi-lo em partes mais finas, para mais finamente significar, mas isto é dispensável e não me proponho tal.

Além da esfera que mais alto gira,
vai o suspiro que do peito sai:
é um saber novo que o Amor atrai
e instila nele e para cima o aspira.

E quando chega ao ponto que o inspira,
vê uma dama que em tal glória vai,
que o peregrino espírito contrai
a luz que ela despede e ele mira.

Depois de vê-la, tenta me narrar,
mas não entendo, tão baixo murmura
à dor do coração que o faz falar.

Mas eu bem sei que é da criatura
chamada Beatriz que quer contar,
pois ela é aquela que ele viu na altura.

43

Depois de escrever este soneto, tive uma visão fantástica, onde vi coisas que me levaram a não mais falar desta abençoada criatura, até que dela pudesse falar de modo mais digno. Para chegar a isso, estudo o quanto posso e ela bem o sabe. Assim, se aprouver àquele a quem todas as coisas devem a vida que dure alguns anos mais a minha vida, espero dizer dela o que jamais foi dito de mulher alguma. E praza ao senhor de toda a nobreza que a minha alma possa chegar a contemplar a glória da sua dama, aquela abençoada Beatriz, à qual é dado contemplar, em toda a sua glória, o rosto daquele *que é bendito por todos os séculos.*[42]

ORIGINAL ITALIANO DOS POEMAS

3

A ciascun'alma presa e gentil core
nel cui cospetto ven lo dir presente,
in ciò che mi rescrivan suo parvente,
salute in lor segnor, cioè Amore.

Già eran quasi che atterzate l'ore
del tempo che onne stella n'è lucente,
quando m'apparve Amor subitamente,
cui essenza membrar mi dà orrore.

Allegro mi sembrava Amor tenendo
meo core in mano, e ne le braccia avea
madonna involta in un drappo dormendo.

Poi la svegliava, e d'esto core ardendo
lei paventosa umilmente pascea:
appresso gir lo ne vedea piangendo.

7

O voi che per la via d'Amor passate,
attendete e guardate
s'elli è dolore alcun, quanto 'l mio, grave;
e prego sol ch'audir mi sofferiate,
e poi imaginate
s'io son d'ogni tormento ostale e chiave.

Amor, non già per mia poca bontate,
ma per sua nobiltate,
mi pose in vita sì dolce e soave,
ch'io mi sentia dir dietro spesse fiate:
"Deo, per qual dignitate
così leggiadro questi lo core have?"

*

*Or ho perduta tutta mia baldanza
che si movea d'amoroso tesoro;
ond'io pover dimoro,
in guisa che di dir mi ven dottanza.*

*Sì che volendo far come coloro
che per vergogna celan lor mancanza,
di fuor mostro allegranza,
e dentro da lo core struggo e ploro.*

8

*Piangete, amanti, poi che piange Amore,
udendo qual cagion lui fa plorare.
Amor sente a Pietà donne chiamare,
mostrando amaro duol per li occhi fore,*

*perché villana Morte in gentil core
ha miso il suo crudele adoperare,
guastando ciò che al mondo è da laudare
in gentil donna sovra de l'onore.*

*Audite quanto Amor le fece orranza,
ch'io 'l vidi lamentare in forma vera
sovra la morta imagine avvenente;*

*e riguardava ver lo ciel sovente,
ove l'alma gentil già locata era,
che donna fu di sì gaia sembianza.*

*Morte villana, di pietà nemica,
di dolor madre antica,
giudizio incontrastabile gravoso,
poi che hai data matera al cor doglioso*

ond'io vado pensoso,
di te blasmar la lingua s'affatica.

Es'io di grazia ti voi far mendica,
convenesi ch'eo dica
lo tuo fallar d'onni torto tortoso,
non però ch'a la gente sia nascoso,
ma per farne cruccioso
chi d'amor per innanzi si notrica.

Dal secolo hai partita cortesia
e ciò ch'è in donna da pregiar vertute:
in gaia gioventute
distrutta hai l'amorosa leggiadria.

Più non voi discovrir qual donna sia
che per le propietà sue conosciute.
Chi non merta salute
non speri mai d'aver sua compagnia.

9

Cavalcando l'altr'ier per un cammino,
pensoso de l'andar che mi sgradia,
trovai Amore in mezzo de la via
in abito leggier di peregrino.

Ne la sembianza mi parea meschino,
come avesse perduto segnoria;
e sospirando pensoso venia,
per non veder la gente, a capo chino.

Quando mi vide, mi chiamò per nome,
e disse: "Io vegno di lontana parte,
ov'era lo tuo cor per mio volere;

e recolo a servir novo piacere".
Allora presi di lui sì gran parte,
ch'elli disparve, e non m'accorsi come.

12

Ballata, i' voi che tu ritrovi Amore,
e con lui vade a madonna davante,
sì che la scusa mia, la qual tu cante,
ragioni poi con lei lo mio segnore.

Tu vai, ballata, sì cortesemente,
che sanza compagnia
dovresti avere in tutte parti ardire;
ma se tu vuoli andar sicuramente,
retrova l'Amor pria,

ché forse non è bon sanza lui gire;
però che quella che ti dee audire,
si com'io credo, è ver di me adirata:
se tu di lui non fossi accompagnata,
leggeramente ti faria disnore.

Con dolze sono, quando se' con lui,
comincia este parole,
appresso che averai chesta pietate:
"Madonna, quelli che mi manda a vui,
quando vi piaccia, vole,
sed elli ha scusa, che la m'intendiate.
Amore è qui, che per vostra bieltate
lo face, come vol, vista cangiare:
dunque perché li fece altra guardare
pensatel voi, da che non mutò 'l core".

Dille: "Madonna, lo suo core è stato
con sì fermata fede,

che 'n voi servir l'ha 'mpronto onne pensero:
tosto fu vostro, e mai non s'è smagato".
Sed ella non ti crede,
dì che domandi Amor, che sa lo vero:
ed a la fine falle umil preghero,
lo perdonare se le fosse a noia,
che mi comandi per messo ch'eo moia,
e vedrassi ubidir ben servidore.

E dì a colui ch'è d'ogni pietà chiave,
avante che sdonnei,
che le saprà contar mia ragion bona:
"Per grazia de la mia nota soave
reman tu qui con lei,
e del tuo servo ciò che vuoi ragiona;
e s'ella per tuo prego li perdona,
fa che li annunzi un bel sembiante pace".
Gentil ballata mia, quando ti piace,
movi in quel punto che tu n'aggie onore.

13

Tutti li miei penser parlan d'Amore;
e hanno in lor sì gran varietate,
ch'altro mi fa voler sua potestate,
altro folle ragiona il suo valore,

altro sperando m'apporta dolzore,
altro pianger mi fa spesse fiate;
e sol s'accordano in cherer pietate,
tremando di paura che à nel core.

Ond'io non so da qual matera prenda;
e vorrei dire, e non so ch'io mi dica:
così mi trovo in amorosa erranza!

E se con tutti voi fare accordanza,
convenemi chiamar la mia nemica,
madonna la Pietà, che mi difenda.

14

Con l'altre donne mia vista gabbate,
e non pensate, donna, onde si mova
ch'io vi rassembri sì figura nova
quando riguardo la vostra beltate.

Se lo saveste, non poria Pietate
tener più contra me l'usata prova,
ché Amor, quando sì presso a voi mi trova,
prende baldanza e tanta securtate,

che fere tra' miei spiriti paurosi,
e quale ancide, e qual pinge di fore,
sì che solo remane a veder vui:

ond'io mi cangio in figura d'altrui,
ma non sì ch'io non senta bene allore
li guai de li scacciati tormentosi.

15

Ciò che m'incontra, ne la mente more,
quand'i' vegno a veder voi, bella gioia;
e quand'io vi son presso, i' sento Amore
che dice: "Fuggi, se 'lperir t'è noia".

Lo viso mostra lo color del core,
che, tramortendo, ovunque po' s'appoia;
e per la ebrietà del gran tremore
le pietre par che gridin: Moia, moia.

Peccato face chi allora mi vide,
se l'alma sbigottita non conforta,
sol dimostrando che di me li doglia,

per la pietà, che 'l vostro gabbo ancide,
la qual si cria ne la vista morta
de li occhi, c'hanno di lor morte voglia.

16

Spesse fiate vegnonmi a la mente
le oscure qualità ch'Amor mi dona,
e venmene pietà, sì che sovente
io dico: "Lasso!, avviene elli a persona?";

ch'Amor m'assale subitanamente,
sì che la vita quasi m'abbandona:
campami un spirto vivo solamente,
e que' riman, perché di voi ragiona.

Poscia mi sforzo, ché mi voglio atare;
e così smorto, d'onne valor voto,
vegno a vedervi, credendo guerire:

e se io levo li occhi per guardare,
nel cor mi si comincia uno tremoto,
che fa de' polsi l'anima partire.

19

Donne ch'avete intelletto d'amore,
i'vo' con voi de la mia donna dire,
non perch'io creda sua laude finire,
ma ragionar per isfogar la mente.
Io dico che pensando il suo valore,
Amor sì dolce mi si fa sentire,

*che s'io allora non perdessi ardire,
farei parlando innamorar la gente.
E io non vo' parlar sì altamente,
ch'io divenisse per temenza vile;
ma tratterò del suo stato gentile
a respetto di lei leggeramente,
donne e donzelle amorose, con vui,
ché non è cosa da parlarne altrui.*

*Angelo clama in divino intelletto
e dice: "Sire, nel mondo si vede
maraviglia ne l'atto che procede
d'un'anima che 'nfin qua su risplende".
Lo cielo, che non have altro difetto
che d'aver lei, al suo segnor la chiede,
e ciascun santo ne grida merzede.
Sola Pietà nostra parte difende,
ché parla Dio, che di madonna intende:
"Diletti miei, or sofferite in pace
che vostra spene sia quanto me piace
là 'v' è alcun che perder lei s'attende,
e che dirà ne lo inferno: O mal nati,
io vidi la speranza de' beati".*

*Madonna è disiata in sommo cielo:
or voi di sua virtù farvi savere.
Dico, qual vuol gentil donna parere
vada con lei, che quando va per via,
gitta nei cor villani Amore un gelo,
per che onne lor pensero agghiaccia e pere;
e qual soffrisse di starla a vedere
diverria nobil cosa, o si morria.
E quando trova alcun che degno sia
di veder lei, quei prova sua vertute,
ché li avvien, ciò che li dona, in salute,*

e sì l'umilia, ch'ogni offesa oblia.
Ancor l'ha Dio per maggior grazia dato
che non pò mal finir chi l'ha parlato.

Dice di lei Amor: "Cosa mortale
come esser pò sì adorna e sì pura?".
Poi la reguarda, e fra se stesso giura
che Dio ne 'ntenda di far cosa nova.
Color di perle ha quasi, in forma quale
convene a donna aver, non for misura:
ella è quanto de ben pò far natura;
per essemplo di lei bieltà si prova.
De li occhi suoi, come ch'ella li mova,
escono spirti d'amore inflammati,
che feron li occhi a qual che allor la guati,
e passan sì che 'l cor ciascun retrova:
voi le vedete Amor pinto nel viso,
là 've non pote alcun mirarla fiso.

Canzone, io so che tu girai parlando
a donne assai, quand'io t'avrò avanzata.
Or t'ammonisco, perch'io t'ho allevata
per figliuola d'Amor giovane e piana,
che là 've giugni tu dichi pregando:
"Insegnatemi gir, ch'io son mandata
a quella di cui laude so' adornata".
E se non vuoli andar sì come vana,
non restare ove sia gente villana:
ingegnati, se puoi, d'esser palese
solo con donne o con omo cortese,
che ti merranno là per via tostana.
Tu troverai Amor con esso lei;
raccomandami a lui come tu dei.

20

Amore e 'l cor gentil sono una cosa,
sì come il saggio in suo dittare pone,
e così esser l'un sanza l'altro osa
com'alma razional sanza ragione.

Falli natura quand'è amorosa,
Amor per sire e 'l cor per sua magione,
dentro la qual dormendo si riposa
tal volta poca e tal lunga stagione.

Bieltate appare in saggia donna pui,
che piace a gli occhi sì, che dentro al core
nasce un disio de la cosa piacente;

e tanto dura talora in costui,
che fa svegliar lo spirito d'Amore.
E simil face in donna omo valente.

21

Ne li occhi porta la mia donna Amore,
per che si fa gentil ciò ch'ella mira;
ov'ella passa, ogn'om ver lei si gira,
e cui saluta fa tremar lo core,

sì che, bassando il viso, tutto smore,
e d'ogni suo difetto allor sospira:
fugge dinanzi a lei superbia ed ira.
Aiutatemi, donne, farle onore.

Ogne dolcezza, ogne pensero umile
nasce nel core a chi parlar la sente,
ond'è laudato chi prima la vide.

Quel ch'ella par quando un poco sorride,
non si pò dicer né tenere a mente,
sì è novo miracolo e gentile.

22

Voi che portate la sembianza umile,
con li occhi bassi, mostrando dolore,
onde venite che 'l vostro colore
par divenuto de pietà simile?

Vedeste voi nostra donna gentile
bagnar nel viso suo di pianto Amore?
Ditelmi, donne, che 'l mi dice li core,
perch'io vi veggio andar sanz 'atto vile.

E se venite da tanta pietate,
piacciavi di restar qui meco alquanto,
e qual che sia di lei, nol mi celate.

Io veggio li occhi vostri c'hanno pianto,
e veggiovi tornar sì sfigurate,
che 'l cor mi triema di vederne tanto.

Se' tu colui c'hai trattato sovente
di nostra donna, sol parlando a nui?
Tu risomigli a la voce ben lui,
ma la figura ne par d'altra gente.

E perché piangi tu sì coralmente,
che fai di te pietà venire altrui?
Vedestù pianger lei, che tu non pui
punto celar la dolorosa mente?

Lascia piangere noi e triste andare
(e fa peccato chi mai ne conforta),
che nel suo pianto l'udimmo parlare.

Ell'ha nel viso la pietà sì scorta,
che qual l'avesse voluta mirare
sarebbe innanzi lei piangendo morta.

23

Donna pietosa e di novella etate,
adorna assai di gentilezze umane,
ch'era là 'v'io chiamava spesso Morte,
veggendo li occhi miei pien di pietate,
e ascoltando le parole vane,
si mosse con paura a pianger forte.
E altre donne, che si fuoro accorte
di me per quella che meco piangia,
fecer lei partir via,
e appressarsi per farmi sentire.
Qual dicea: "Non dormire",
e qual dicea: "Perché sì ti sconforte?"
Allor lassai la nova fantasia,
chiamando il nome de la donna mia.

Era la voce mia sì dolorosa
e rotta sì da l'angoscia del pianto,
ch'io solo intesi il nome nel mio core;
e con tutta la vista vergognosa
ch'era nel viso mio giunta cotanto,
mi fece verso lor volgere Amore.
Elli era tale a veder mio colore,
che facea ragionar di morte altrui:
"Deh, consoliam costui"
pregava l'una l'altra umilemente;

e dicevam sovente:
"Che vedestù, che tu non hai valore?"
E quando un poco confortato fui,
io dissi: "Donne, dicerollo a vui.

Mentr'io pensava la mia frale vita,
e vedea 'l suo durar com'è leggiero,
piansemi Amor nel core, ove dimora;
per che l'anima mia fu sì smarrita,
che sospirando dicea nel pensero:
— Ben converrà che la mia donna mora.
Io presi tanto smarrimento allora,
ch'io chiusi li occhi vilmente gravati,
e furon sì smagati
li spirti miei, che ciascun giva errando;
e poscia imaginando,
di caunoscenza e di verità fora,
visi di donne m'apparver crucciati,
che mi dicean pur: — Morra'ti, morra'ti.

Poi vidi cose dubitose molte,
nel vano imaginare ov'io entrai;
ed esser mi parea non so in qual loco,
e veder donne andar per via disciolte,
qual lagrimando, e qual traendo guai,
che di tristizia saettavan foco.
Poi mi parve vedere a poco a poco
turbar lo sole e apparir la stella,
e pianger elli ed ella;
cader li augelli volando per l'are,
e la terra tremare;
ed omo apparve scolorito e fioco,
dicendomi: — Che fai? non sai novella?
morta è la donna tua, ch'era sì bella. —

Levava li occhi miei bagnati in pianti,
e vedea, che parean pioggia di manna,
li angeli che tornavan suso in cielo,
e una nuvoletta avean davanti,
dopo la qual gridavan tutti: Osanna;
e s'altro avesser detto, a voi dire 'lo.
Allor diceva Amor: — Più nol ti celo;
vieni a veder nostra donna che giace. —
Lo imaginar fallace
mi condusse a veder madonna morta;
e quand'io l'avea scorta,
vedea che donne la covrian d'un velo;
ed avea seco umiltà verace,
che parea che dicesse: — Io sono in pace. —

Io divenia nel dolor sì umile,
veggendo in lei tanta umiltà formata,
ch'io dicea: — Morte, assai dolce ti tegno;
tu dei omai esser cosa gentile,
poi che tu se' ne la mia donna stata,
e dei aver pietate e non disdegno.
Vedi che sì desideroso vegno
d'esser de' tuoi, ch'io ti somiglio in fede.
Vieni, ché 'l cor te chiede. —
Poi mi partia, consumato ogne duolo;
e quand'io era solo,
dicea, guardando verso l'alto regno:
— Beato, anima bella, chi te vede! —
Voi mi chiamaste allor, vostra merzede".

24

Io mi senti' svegliar dentro a lo core
un spirito amoroso che dormia:
e poi vidi venir da lungi Amore
allegro sì, che appena il conoscia,

*

dicendo: "Or pensa pur di farmi onore";
e 'n ciascuna parola sua ridia.
E poco stando meco il mio segnore,
guardando in quella parte onde venia,

io vidi monna Vanna e monna Bice
venire inver lo loco là v'io era,
l'una appresso de l'altra maraviglia;

e sì come la mente mi ridice,
Amor mi disse: "Quell'è Primavera,
e quell'ha nome Amor, sì mi somiglia".

26

Tanto gentile e tanto onesta pare
la donna mia quand'ella altrui saluta,
ch'ogne lingua deven tremando muta,
e li occhi no l'ardiscon di guardare.

Ella si va, sentendosi laudare,
benignamente d'umiltà vestuta;
e par che sia una cosa venuta
da cielo in terra a miracol mostrare.

Mostrasi sì piacente a chi la mira,
che dà per li occhi una dolcezza al core,
che 'ntender no la può chi no la prova:

e par che de la sua labbia si mova
un spirito soave pien d'amore,
che va dicendo a l'anima: Sospira.

27

Vede perfettamente onne salute
chi la mia donna tra le donne vede;
quelle che vanno con lei son tenute
di bella grazia a Dio render merzede.

E sua bieltate è di tanta vertute,
che nulla invidia a l'altre ne procede,
anzi le face andar seco vestute
di gentilezza, d'amore e di fede.

La vista sua fa onne cosa umile;
e non fa sola sé parer piacente,
ma ciascuna per lei riceve onore.

Ed è ne li atti suoi tanto gentile,
che nessun la si può recare a mente,
che non sospiri in dolcezza d'amore.

28

Sì lungiamente m'ha tenuto Amore
e costumato a la sua segnoria,
che sì com'elli m'era forte in pria,
così mi sta soave ora nel core.

Però quando mi tolle sì 'l valore,
che li spiriti par che fuggan via,
allor sente la frale anima mia
tanta dolcezza, che 'l viso ne smore,

poi prende Amore in me tanta vertute,
che fa li miei spiriti gir parlando,
ed escon for chiamando

la donna mia, per darmi più salute.
Questo m'avvene ovunque ella mi vede,
e sì è cosa umil, che nol si crede.

32

Li occhi dolenti per pietà del core
hanno di lagrimar sofferta pena,
sì che per vinti son remasi omai.
Ora, s'i' voglio sfogar lo dolore,
che a poco a poco a la morte mi mena,
convenemi parlar traendo guai.
E perché me ricorda ch'io parlai
de la mia donna, mentre che vivia,
donne gentili, volentier con vui,
non voi parlare altrui,
se non a cor gentil che in donna sia;
e dicerò di lei piangendo, pui
che si n'è gita in ciel subitamente,
e ha lasciato Amor meco dolente.

Ita n'è Beatrice in l'alto cielo,
nel reame ove li angeli hanno pace,
e sta con loro, e voi, donne, ha lassate:
no la ci tolse qualità di gelo
né di calore, come l'altre face,
ma solo fue sua gran benignitate;
ché luce de la sua umilitate
passò li cieli con tanta vertute,
che fé maravigliar l'etterno sire,
sì che dolce disire
lo giunse di chiamar tanta salute;
e fella di qua giù a sé venire,
perché vedea ch'esta vita noiosa
non era degna di sì gentil cosa.

Partissi de la sua bella persona
piena di grazia l'anima gentile,
ed èssi gloriosa in loco degno.
Chi no la piange, quando ne ragiona,
core ha di pietra sì malvagio e vile,
ch'entrar no i puote spirito benegno.
Non è di cor villan sì alto ingegno,
che possa imaginar di lei alquanto,
e però no li ven di pianger doglia:
ma ven tristizia e voglia
di sospirare e di morir di pianto,
e d'onne consolar l'anima spoglia
chi vede nel pensero alcuna volta
quale ella fue, e com'ella n'è tolta.

Dannomi angoscia li sospiri forte,
quando 'l pensero ne la mente grave
mi reca quella che m'ha 'l cor diviso:
e spesse fiate pensando a la morte,
venemene un disio tanto soave,
che mi tramuta lo color nel viso.
E quando 'l maginar mi ven ben fiso,
giugnemi tanta pena d'ogne parte,
ch'io mi riscuoto per dolor ch'i' sento;
e sì fatto divento,
che da le genti vergogna mi parte.
Poscia piagendo, sol nel mio lamento
chiamo Beatrice, e dico: "Or se' tu morta?";
e mentre ch'io la chiamo, me conforta.

Pianger di doglia e sospirar d'angoscia
mi strugge 'l core ovunque sol mi trovo,
sì che ne 'ncrescerebbe a chi m'audesse:
e quale è stata la mia vita, poscia
che la mia donna andò nel secol novo,
lingua non è che dicer lo sapesse:

e però, donne mie, pur ch'io volesse,
non vi saprei io dir ben quel ch'io sono,
sì mi fa travagliar l'acerba vita;
la quale è sì 'nvilita,
che ogn'om par che mi dica: "Io t'abbandono",
veggendo la mia labbia tramortita.
Ma qual ch'io sia la mia donna il si vede,
e io ne spero ancor da lei merzede.

Pietosa mia canzone, or va piangendo;
e ritruova le donne e le donzelle
a cui le tue sorelle
erano usate di portar letizia;
e tu, che se' figliuola di tristizia,
vatten disconsolata a star con elle.

33

Venite a intender li sospiri miei,
oi cor gentili, ché pietà 'l disia:
li quai disconsolati vanno via,
e s'è' non fosser, di dolor morrei;

però che gli occhi mi sarebber rei,
molte fiate più ch'io non vorria,
lasso!, di pianger sì la donna mia,
che sfogasser lo cor, piangendo lei.

Voi udirete lor chiamar sovente
la mia donna gentil, che si n'è gita
al secol degno de la sua vertute;

e dispregiar talora questa vita
in persona de l'anima dolente
abbandonata de la sua salute.

34

Quantunque volte, lasso!, mi rimembra
ch'io non debbo già mai
veder la donna ond'io vo sì dolente,
tanto dolore intorno 'l cor m'assembra
la dolorosa mente,
ch'io dico: "Anima mia, ché non ten vai?
ché li tormenti che tu porterai
nel secol, che t'è già tanto noioso,
mi fan pensoso di paura forte".
Ond'io chiamo la Morte,
come soave e dolce mio riposo;
e dico "Vieni a me" con tanto amore,
che sono astioso di chiunque more.
E' si raccoglie ne li miei sospiri
un sono di pietate,
che va chiamando Morte tuttavia:
a lei si volser tutti i miei disiri,
quando la donna mia
fu giunta da la sua crudelitate;
perché 'l piacere de la sua bieltate,
partendo sé da la nostra veduta,
divenne spirital bellezza grande,
che per lo cielo spande
luce d'amor, che li angeli saluta,
e lo intelletto loro alto, sottile
face maravigliar, sì v'è gentile.

35

PRIMO COMINCIAMENTO

Era venuta ne la mente mia
la gentil donna che per suo valore
fu posta da l'altissimo signore
nel ciel de l'umiltate, ov'è Maria.

SECONDO COMINCIAMENTO

Era venuta ne la mente mia
quella donna gentil cui piange Amore,
entro 'n quel punto che lo suo valore
vi trasse a riguardar quel ch'eo facia.
Amor, che ne la mente la sentia,
s'era svegliato nel destrutto core,
e diceva a'sospiri: "Andate fore";
per che ciascun dolente si partia.
Piangendo uscivan for de lo mio petto
con una voce che sovente mena
le lagrime dogliose a li occhi tristi.
Ma quei che n'uscian for con maggior pena,
venian dicendo: "Oi nobile intelletto,
oggi fa l'anno che nel del salisti".

36

Videro li occhi miei quanta pietate
era apparita in la vostra figura,
quando guardaste li atti e la statura
ch'io faccio per dolor molte fiate.

Allor m'accorsi che voi pensavate
la qualità de la mia vita oscura,
sì che mi giunse ne lo cor paura
di dimonstrar con li occhi mia viltate,

E tolsimi dinanzi a voi, sentendo
che si movean le lagrime dal core,
ch'era sommosso da la vostra vista.

Io dicea poscia ne l'anima trista:
"Ben è con quella donna quello Amore
lo qual mi face andar così piangendo".

37

Color d'amore e di pietà sembianti
non preser mai così mirabilmente
viso di donna, per veder sovente
occhi gentili o dolorosi pianti,

come lo vostro, qualora davanti
vedetevi la mia labbia dolente;
sì che per voi mi ven cosa a la mente,
ch'io temo forte non lo cor si schianti.

Io non posso tener li occhi distrutti
che non reguardin voi spesse fiate,
per desiderio di pianger ch'elli hanno:

e voi crescete sì lor volontate,
che de la voglia si consuman tutti;
ma lagrimar dinanzi a voi non sanno.

38

"L'amaro lagrimar che voi faceste,
oi occhi miei, così lunga stagione,
facea lagrimar l'altre persone
de la pietate, come voi vedeste.

Ora mi par che voi l'obliereste,
s'io fosse dal mio lato sì fellone,
ch'i' non ven disturbasse ogne cagione,
membrandovi colei cui voi piangeste.

La vostra vanità mi fa pensare,
e spaventami si, ch'io temo forte
del viso d'una donna che vi mira.

Voi non dovreste mai, se non per morte,
la vostra donna, ch'è morta, obliare".
Così dice 'l meo core, e poi sospira.

39

Gentil pensero che parla di vui
sen vene a dimorar meco sovente,
e ragiona d'amor sì dolcemente,
che face consentir lo core in lui.

L'anima dice al cor: "Chi è costui,
che vene a consolar la nostra mente,
ed è la sua vertù tanto possente,
ch'altro penser non lascia star con nui?".

Ei le risponde: "Oi anima pensosa,
questi è uno spiritel novo d'amore,
che reca innanzi me li suoi desiri;

e la sua vita, e tutto 'l suo valore,
mosse de li occhi di quella pietosa
che si turbava de' nostri martiri".

40

Lasso! per forza di molti sospiri,
che nascon de' penser che son nel core,
li occhi son vinti, e non hanno valore
di riguardar persona che li miri.

E fatti son che paion due disiri
di lagrimare e di mostrar dolore,
e spesse volte piangon sì, ch'Amore
li 'ncerchia di corona di martìri.

Questi penseri, e li sospir ch'eo gitto,
diventan ne lo cor sì angosciosi,
ch'Amor vi tramortisce, sì lien dole;

però ch'elli hanno in lor li dolorosi
quel dolce nome di madonna scritto,
e de la morte sua molte parole.

41

Deh peregrini che pensosi andate,
forse di cosa che non v'è presente,
venite voi da sì lontana gente,
com'a la vista voi ne dimostrate,

che non piangete quando voi passate
per lo suo mezzo la città dolente,
comme quelle persone che neente
par che 'ntendesser la sua gravitate?

Se voi restate per volerlo audire,
certo lo cor de' sospiri mi dice
che lagrimando n' uscirete pui.

Ell'ha perduta la sua beatrice;
e le parole ch'om di lei pò dire
hanno vertù di far piangere altrui.

42

Oltre la spera che più larga gira
passa 'l sospiro ch'esce del mio core:
intelligenza nova, che l'Amore
piangendo mette in lui, pur su lo tira.

Quand'elli è giunto là dove disira,
vede una donna, che riceve onore,
e luce sì, che per lo suo splendore
lo peregrino spirito la mira.

Vedela tal, che quando 'l mi ridice,
io no lo intendo, sì parla sottile
al cor dolente, che lo fa parlare.

So io che parla di quella gentile,
però che spesso ricorda Beatrice,
sì ch'io lo 'ntendo ben, donne mie care.

NOTAS

1. Em latim, no texto: *Incipit vita nova*.
2. O nome Beatriz quer dizer: aquela que emite beatitude, santidade, salvação.
3. O *céu de luz* é o sol. Na simbologia dantesca desta obra, o número nove (três vezes três) significa a quase-perfeição (perfeito é o dez). Na astronomia ptolomaica, o céu estrelado se deslocava um grau em cada século, de oeste para leste: daí, as idades das crianças enamoradas — ou melhor, dele.
4. Os espíritos eram fluidos que atuavam no corpo, com sedes em algumas de suas partes: o coração (espírito da vida), o cérebro (espírito animado), o fígado (espírito natural).
5. Em latim, no texto: *Ecce deus fortior, qui veniens dominabitur mihi*.
6. Em latim, no texto: *Apparuit iam beatitudo vestra*.
7. Em latim, no texto: *Heu miser, quia frequenter impeditus ero deinceps!*
8. Primeiro de maio de 1283 é a data — conforme o cálculo dos especialistas modernos — deste segundo e decisivo encontro. Mais à frente, Dante registra a hora: meio-dia, que corresponde à "L'ora [...] fermamente nona", do texto original. Não custa lembrar que maio é o grande mês da primavera, na Europa.
9. Em latim, no texto: *Ego dominus tuus*.
10. Em latim, no texto: *Vide cor tuum*.
11. Trovadores: poetas do falar *vulgar* (italianos, portanto), que estenderam à Itália o pioneirismo dos trovadores da Provença.
12. Refere-se a Guido Cavalcanti (tão prezado por Pound e Eliot), poeta e filósofo naturalista do *dolce stil nuovo* — por naturalista entendendo-se algo

assim como um pensador ou retórico da fisiologia metafísica das vontades e sentimentos. Autor do famoso *Donna mi priega* (traduzido por Haroldo de Campos). Romperiam, mais tarde, por razões políticas.

13. O seu soneto começa assim: *Vedeste, al mio parere, onne valore* ("Você bem percebeu todo o valor"). Outras respostas preservadas foram os sonetos de Cino da Pistóia e Dante da Maiano. Comentando esta passagem, observa Fredi Chiappelli, com propriedade, que Beatriz (Bice) Portinari já estava casada, nesta altura (casavam-se adolescentes, como era comum até no Brasil dos inícios do século XX).

14. Poesia de louvação ou crítica, modalidade menor na tradição trovadoresca.

15. Soneto-canção, forma arcaica do soneto, com versos de seis sílabas entre catorze versos decassílabos.

16. Em latim, no texto: *O vos omnes qui transitis per viam, attendite et videte si est dolor sicut dolor meus*.

17. Em latim, no texto: *Fili mi, tempus est ut pretermictantur simulacra nostra*.

18. Em latim, no texto: *Ego tanquam centrum circuli, cui simili modo se habent circumferentie partes; tu autem non sic*.

19. A balada vira pessoa-mensageira.

20. Em latim, no texto: *Nomina sunt consequentia rerum*. Trata-se de expressão de natureza jurídica.

21. Ou seja, Beatriz não se deixa facilmente convencer por argumentos. Infere-se que a tentativa de reaproximação fracassou: conturbado, Dante irá aprofundar-se, mais e mais, na teoria do amor absoluto, proposta por Guido Cavalcanti.

22. A narrativa e o percurso espiritual de Dante tomam, aqui, outra direção, depois do malogro de suas tentativas de reaproximação. Deixa de dirigir-se diretamente a Beatriz, passando à sua exaltação mística, através da poesia.

23. Alusão ao amigo e poeta Guido Guinizelli, um dos criadores da concepção amorosa vigente entre os seguidores do *dolce stil nuovo*, variante do amor cortês medieval. Ecos dessa concepção são audíveis em Camões: *Transforma-se o amador na coisa amada*.

24. Em latim, no texto: *Hosanna in excelsis*.

25. Em latim, no texto: *Ego vox clamantis in deserto: parate viam Domini*.

26. É o lado social-convencional da metafísica amorosa dos estilnovistas. Num soneto famoso de suas *Rimas*, Dante uniu ambas as partes, imaginando-se numa viagem a bordo de uma nave mágica, em companhia dos amigos Guido e Lapo — e das respectivas namoradas: Mona Vana, Mona Lágia e Beatriz.

27. Ou seja, o amor é acidental, na medida em que não pode ser detectado em si mesmo, mas apenas na pessoa que o sente.

28. Senhas classificatórias das duas primeiras línguas importantes que derivaram da colonização romana e latina, na bacia do Mediterrâneo: a *língua d'oc* é o provençal antigo; a *língua do sì* é o toscano. De um derivaria, digamos, o francês; do outro, o italiano. Trata-se da palavra *sim*, numa e noutra.

29. Em latim, no texto; nesta passagem e nas seguintes: *Eole, nanque tibi*.

30. *Tuus, o regina, quid optes explorare labor; michi iussa capessere fas est.*

31. *Dardanide duri*.

32. *Multum, Roma, tamen debes civilibus armis*.

33. *Dic mich, Musa, virum*.

34. *Bella michi, video, bella parantur, ait*.

35. Em latim, no texto: *Quomodo sedet sola civitas plena populo! facta est quasi vidua domina gentium*.

36. Os árabes contavam as horas a partir do pôr-do-sol; assim, o nono dia começava a partir do crepúsculo do oitavo.

37. Ou seja: início da última década do século XIII: 1291. O número perfeito é o dez.

38. Em latim, no texto: *Quomodo sedet sola civitas*.

39. Guido Cavalcanti.

40. Aristóteles.

41. O soneto termina com menção explícita às mulheres: *mie care dame* (= "minhas caras senhoras"). Minha pequena traição ao original se deve à solução adotada.

42. Em latim, no texto: *qui est per omnia saecula benedictus*.

William Shakespeare
ROMEU E JULIETA

William Shakespeare (1564-1616) é um desses fundadores ou reinauguradores de culturas, tais como Homero, Virgílio, Dante, Cervantes, Camões, Joyce, nas eras em que a palavra escrita fundava culturas. De modo surpreendente, já que as possibilidades de registros históricos eram relativamente abundantes em sua época, ele repete a mítica de Homero: ninguém sabe quem foi ele, realmente, embora a instrumentação computadorizada tenha meios de resolver o enigma (e há de resolvê-lo). Como outros grandes, começa lírico e termina político e/ou ideológico; *Romeu e Julieta*, escrita por volta de 1595, quando tinha trinta anos de idade, é sua primeira grande peça (refeita nos anos seguintes, como atestam as publicações de 1597 e 1599). Sua fonte imediata de inspiração foi a obra em versos de Arthur Brooke, *The tragicall hystorye of Romeus and Juliet*, de 1562, por sua vez baseada em textos italianos. A passagem de uma fase a outra, do lírico ao ideológico, é assinalada por um deslizamento de linguagem: predomina, na primeira, o eixo da similaridade, paradigmático, com suas paronomásias (trocadilhos); já na segunda, a hegemonia vai para o eixo sintagmático (discurso lógico, hierarquizado). É assim, por exemplo, que, em *Júlio César*, os poetas são ridicularizados na figura de Cina. Aliás, esse fenômeno é observável na própria peça *Romeu e Julieta*: a morte de Mercúcio, o brincalhão desabusado e fescenino, marca a passagem para a segunda parte, onde a vida feliz desaparece juntamente com os chamados jogos de palavras. Sabe-se que Shakespeare foi ator e isso é bem claro na peça, com seus cortes e efeitos de cena e sua preparação de eventos futuros, como se a obra tivesse sido escrita do fim para o começo — coisa que, sem dúvida, fez, ao aperfeiçoá-la seguidas vezes. Os lances verbais eróticos faziam parte do arsenal de recursos desse e de outros períodos subseqüentes e se destinavam, como hoje, a seduzir o público, especialmente o feminino. Mas nada se mostrava (cf. a *Apresentação*): a cena da noite de núpcias só é apresentada *post-festum*, pudicamente.

Texto básico: *Romeo and Juliet*, em *The complete illustrated Shakespeare*, Nova York, Park Lane Ed., 1979; organização e notas de Howard Staunton (1810-74); ilustrações de John Gilbert e Ray Abel; prefácio de Solomon J. Schepps.

Textos de apoio, traduzidos: *a*) *Romeo e Giulietta*, tradução de Salvatore Quasimodo, Verona, Mondadori, 1949; *b*) *Romeu e Julieta*, tradução de Domingos Ramos, Lisboa, Lello e Irmãos Ltda., 1906; *c*) *Romeu e Julieta*, "antiga tradução portuguesa revista" (em verdade, trata-se da tradução de Domingos Ramos); organização e prefácio de José Pérez, São Paulo, Ed. Cultura, 1942; *d*) *Romeu e Julieta*, tradução de Onestaldo de Pennafort; 3ª ed., Rio de Janeiro, Ed. Civilização Brasileira, 1956; *e*) *Romeu e Julieta*, tradução de Carlos Alberto Nunes, São Paulo, Melhoramentos, 1958.

ROMEU E JULIETA

PERSONAGENS

Scala, príncipe de Verona
Páris, jovem nobre, parente do príncipe
Montéquio e Capuleto, famílias rivais em luta
Um velho, tio de Capuleto
Romeu, filho dos Montéquios
Mercúcio, parente do príncipe e amigo de Romeu
Benvólio, sobrinho dos Montéquios e amigo de Romeu
Tebaldo, sobrinho da sra. Capuleto
Frei Lourenço, um franciscano
Frei João, da mesma ordem
Baltasar, ajudante de Romeu
Sansão e Gregório, criados de Capuleto
Abrão, criado de Montéquio
Um boticário
Três músicos
Um coro; um garoto; um pajem de Páris; Pedro; um funcionário
Sra. Montéquio, esposa de Montéquio
Sra. Capuleto, esposa de Capuleto
Julieta, filha dos Capuletos
Ama de Julieta
Cidadãos de Verona; parentes das duas famílias; mascarados; guardas; sentinelas; integrantes de comitivas

A cena: Em Verona, na maior parte; em Mântua, num trecho do 5º ato

PRÓLOGO

Coro

É na bela Verona, a nossa cena:
duas famílias de igual dignidade
à velha rixa somam nova pena,
ensangüentando as ruas da cidade.

Das nefastas entranhas inimigas
nasce um casal de amantes de má sina,
que, só com sua desdita, que culmina
na morte, vão dar fim àquelas brigas.

Um amor condenado desde o início
e a discórdia dos pais, que só serena
com o filial, sangrento sacrifício,
é o que vocês verão sobre esta cena.

Se ouvirem com ouvidos de desvelo,
supriremos as falhas com o zelo.

1º ATO

CENA 1

UMA PRAÇA PÚBLICA

Entram Sansão e Gregório, armados de espadas e escudos

Sansão: Juro que não levo desaforo pra casa.
Gregório: De fato, é melhor que ele fique do lado de fora.
Sansão: Quer dizer: se provocarem, eu saco.
Gregório: De fato, eles não gostariam de ver isso.
Sansão: E saco rápido, é só darem motivo.
Gregório: De fato, eles podem dar motivos rápidos, mas eu não sei se você vai se mexer tão depressa.
Sansão: Você vai ver se eu me mexo: é só ver um cachorro dos Montéquios.
Gregório: De fato, mexer-se é agitar-se; ser corajoso é agüentar firme; se você se mexe, isto quer dizer que você foge.
Sansão: Diante de um cão daquela casa, eu não arredo o pé: jogarei no fosso qualquer moço ou moça dos Montéquios.
Gregório: De fato, isto mostra que você não passa de um pobre escravo: os fracos procuram o fosso.
Sansão: Sem dúvida. E sendo as mulheres a parte mais fraca, serão sempre prensadas contra o muro: vou arrancar os Montéquios do muro e prensar as mulheres nele.
Gregório: De fato, a luta é entre nossos senhores e nós, os seus homens.
Sansão: Dá na mesma. Vão ver como eu posso ser um verdadeiro tirano: depois de me bater com os homens, vou cortar as cabeças das moças!

Gregório: As cabeças das moças?
Sansão: As cabeças ou os cabaços, como você preferir.
Gregório: Como preferirem elas, já que serão as feridas e preferidas.
Sansão: Pelo meu ferro, enquanto agüentar de pé. E ele é de bom aspecto.
Gregório: Ainda bem que tem aspecto sem ser espeto. Pois vá sacando logo o seu aspecto, que aí vêm dois da casa Montéquio.

Entram Abrão e outro criado dos Montéquios

Sansão: Aqui está ele, nu e reto. Pode atiçar, que eu dou cobertura.
Gregório: O quê? Você já vai virando as costas?
Sansão: Não se preocupe comigo.
Gregório: De fato: você é que me preocupa.
Sansão: Vamos ficar do lado da lei: eles que comecem.
Gregório: Vou fazer cara feia, quando a gente se cruzar: o resto é com eles.
Sansão: O resto, não: o rosto. E eu vou torcer o nariz: quero ver se eles vão encarar.
Abrão: Você está torcendo o nariz pra nós, cara?
Sansão: Estou torcendo o nariz, cara.
Abrão: É pra nós que você está torcendo o nariz, cara?
Sansão (*À parte, para Gregório*): A gente vai contra a lei, se eu disser "sim"?
Gregório: Sim.
Sansão: Não, cara, não estou torcendo o nariz pra você, cara. Mas eu estou torcendo o nariz, cara.
Gregório: Você está querendo encrenca, cara?
Abrão: Encrenca, cara? Eu, não!
Sansão: Se você quiser, é comigo mesmo, cara. O meu patrão é tão bom quanto o seu.
Abrão: Pode ser: melhor é que não.
Sansão: Tudo bem, cara.

Surge Benvólio, ao longe

Gregório (*À parte, para Sansão*): Diga "melhor": aí vem vindo um parente do chefão.
Sansão: ...Tudo bem, cara — só que o meu é melhor!
Abrão: Você não passa de um mentiroso!
Sansão: Saque, se for homem (*Para Gregório*) — Quero ver aquele seu golpe!

Duelam

Benvólio: Parem com isso, seus palhaços! Vocês não sabem o que estão fazendo! (*Intercepta as espadas*)

Entra Tebaldo

Tebaldo: Como? Saca a espada e vem falar de paz? Detesto essa palavra, detesto os Montéquios como detesto o inferno — com você junto! Tome esta, seu covarde! (*Duelam*)

Entram partidários de ambas as casas, alimentando o tumulto; irrompem cidadãos com porretes

Cidadão: Chuços, lanças, varas — pau neles! Acabem com eles! Abaixo os Capuletos, abaixo os Montéquios!

Entram Capuleto, em camisola, e senhora

Capuleto: Que barulho é esse? A minha espada de combate, rápido!
Senhora: Que espada, que nada! Uma muleta, isto, sim!
Capuleto: A minha espada, estou dizendo! O velho Montéquio está brandindo a dele para mim!

Entram Montéquio e senhora

Montéquio: Capuleto velhaco! Não me segure, me largue!
Senhora: Você não vai dar nem um passo para enfrentar aquele
bufão!

Entra o príncipe, com seus guardas

Príncipe: Facções rebeldes ao clamor da paz,
com o sangue civil manchando espadas —
— Seus animais, parem com isso! Surdos,
o que querem vocês? Dar fim ao fogo
do ódio com o sangue de suas veias?
Sob pena de tortura, abaixo as armas,
abaixo as armas de odiosa têmpera
e ouçam a sentença de seu príncipe:
Em seus nomes, Montéquio e Capuleto,
palavras vãs geraram tais tumultos
pela terceira vez. Foi-se o sossego
de nossas ruas. Velhos de Verona
jogam de lado as vestes bem compostas
para tremer as mãos em lanças velhas,
pela ferrugem da paz corroídas,
para aplacar um ódio enferrujado!
Se perturbarem outra vez as ruas,
a vida será o preço pela paz.
E agora se dispersem — para casa!
— Mas você, Capuleto, vai comigo.
Você, Montéquio, compareça à tarde
à sala de audiências da cidade,
para os detalhes desta decisão.
Tratem de dispersar, eu lhes ordeno!

Saem o príncipe e sua comitiva, Capuleto e senhora, Tebaldo,
cidadãos e criados

Montéquio: Quem aqueceu os ânimos, de novo?
Conte, sobrinho, o que presenciou.

Benvólio: Quando me aproximei, já duelavam
os seus e os dele. Tentei intervir,
mas veio Tebaldo espumando de raiva,
vibrando a arma acima da cabeça,
a lançar desafios — vaiava o ar —
— que não se feriu (e eu muito menos),
malgrado as estocadas que trocamos.
Mais e mais engrossavam as facções,
que afinaram ante o poder do chefe.
Senhora: E o meu Romeu? Você o viu? Ainda
bem que também não se meteu na briga.
Benvólio: Minha senhora, acho que uma hora
antes de o sol adorado surgir
na janela dourada do oriente,
com a alma pesada fui andar
pelo bosque de figueiras que fica
do lado leste. Vi, então, seu filho,
em minha ronda matinal — mas, ele,
assim que percebeu minha presença,
escondeu-se no escuro do seu bosque...
Medindo, por mim mesmo, o que sentia
— os sentimentos fervem quando a sós —
obedeci aos meus, poupando os dele:
— e feliz evitei quem feliz se esquivou.
Montéquio: É isso, ele tem sido visto lá,
multiplicando lágrimas e orvalhos,
somando nuvens e suspiros fundos.
É só o sol alegre aparecer
com "bons-dias" no extremo do oriente,
afastando as cortinas da Aurora na cama,
e ele se tranca noturno no quarto:
penando sozinho, fecha as persianas:
o dia fica fora e a noite dentro.
Esse seu modo é muito estranho e obscuro:
um bom conselho há de tirar-lhe a causa.
Benvólio: Com meu respeito, o tio conhece a causa?

Montéquio: Eu não conheço e ele não revela.
Benvólio: Mas o senhor tentou todos os meios?
Montéquio: E não só eu — os meus amigos todos!
  Mas ele é confidente de suas penas —
  ele e só ele! E que ninguém se atreva
  a tentar decifrar o seu segredo.
  É tão fechado em seu mistério, tão
  coisa dele, que escorrega e escapa
  das questões: é um botão de flor picado
  por um verme invejoso que não deixa
  que as folhas se desprendam pelo ar
  ou sua beleza se ofereça ao sol.
  Se nós soubéssemos saber a origem
  do mal, da causa à cura era um passo.
Benvólio: Aí vem ele. Afastem-se, eu peço:
  ou ele se abre — ou sou eu que confesso!
Montéquio: Boa sorte em sua missão. Conheça a causa
  e nos informe. Vamos, então, senhora?
Benvólio: Bom dia, primo.
Romeu: O dia é uma criança?
Benvólio: De nove anos.
Romeu: Como são compridas
  as horas tristes. — Não era meu pai?
Benvólio: Era. Que tristes horas longas, essas?
Romeu: Aquelas que, com *ela*, ficam breves.
Benvólio: Apaixonado?
Romeu: Nada.
Benvólio: Como? Nada
  de amor?
Romeu: Nada com ela, que eu queria
  apaixonada.
Benvólio: É pena que o amor
  na aparência tão doce, na verdade
  possa mostrar-se tão tirano e duro!
Romeu: Pena das penas, pois que voa vendado,
  mas sempre encontra o alvo do querer.

— Onde vamos jantar? — Que rolo é esse?
Nem precisa falar, já sei de tudo.
O ódio anda muito ocupado. O amor
mais ainda! Mas que amor briguento!
Que rancor amoroso! Coisa-nada
de qualquer coisa muita vez criada!
Vaidade grave, ó leveza pesada,
caos informe de formas bem formadas,
pena de chumbo, fumo luminoso,
fogo frio, sadia enfermidade,
sono acordado — e é o que não é!
O amor que sinto — e que alguém não sente —
não é gozado?

Benvólio: Até que é, consinto.
Romeu: Consente em quê?
Benvólio: Na sua parte fraca.
Romeu: Ora, por quê? A anomalia do amor
reside no pesar de penas leves
que o coração aumenta nos seus pratos!
Esta paixão, com *sua* compaixão,
só faz durar as minhas penas breves.
O amor é uma fumaça de suspiros:
vira fogo no olhar, quando atiçado;
contrariado, é um rio de chorares.
Você quer mais? É uma loucura a prazo,
bile amargosa em doce... por acaso!
Adeus, primo. (*Faz menção de retirar-se*)
Benvólio: Meu primo, calma, eu vou
também: sair assim me deixa mal.
Romeu: Mas não conte a ninguém: estou perdido:
Não sou Romeu, mas um eu sem ter sido!
Benvólio: São as tramas do amor... E quem é ela?
Romeu: Gemer e falar? Não dá...
Benvólio: Não gema;
ou gema e game... mas diga quem é.

Romeu: Pedir um testamento a um doente
é o mesmo que matá-lo antes da morte!
Mas eu confesso: eu amo uma mulher.
Benvólio: Não errei tanto, seu apaixonado!...
Romeu: Bravo, arqueiro certeiro!... E ela é tão bela!
Benvólio: Tão alva no seu alvo, não é mesmo?
Romeu: Você falhou na moça: inatingível
pelo deus Cupido, preferiu Diana:
armada de pureza até aos dentes,
não brinca com brinquedos amorosos;
resiste ao cerco das palavras doces,
não cede aos belos olhos sitiantes,
nem abre o colo ao ouro sedutor:
ela é rica em beleza! Apenas, pena
que morra junto a todo esse valor!
Benvólio: Jurou que vai morrer sem ser tocada?
Romeu: É isso aí: poupança e desperdício!
Pode a beleza, em seu severo vício,
matar o belo em ânsias de futuro?
Bela demais, sábia demais, demais
pra ser feliz com minha imensa dor!
Prometeu nunca amar — e esse voto
me mata em vida a mim — e não a ela!
Benvólio: Escute o que digo: não pense mais nela.
Romeu: Então me ensine como não pensar.
Benvólio: Desvende os olhos: há muita beleza
pra se olhar.
Romeu: É a melhor maneira
de questionar a alheia formosura.
Essas máscaras negras que modelam
e beijam frontes e rostos formosos
não nos fazem pensar no que escondem?
É assim o cego que jamais se esquece
da vista que na vista se perdeu.
Mostre-me, pois, uma beldade rara

e eu lhe direi que não é mais que um ponto
de referência à mais que rara e cara.
Adeus à sua lição de esquecimento.
Benvólio: Ou pago a aula... ou deixo em testamento.

Saem

CENA 2

UMA RUA

Entram Capuleto, Páris e criado

Capuleto: Sobre a cabeça de Montéquio — e a minha!—
pesa essa pena e acho que é possível
manter a paz — somos dois velhos, ora!
Páris: Gozam vocês de alto conceito e classe
e é pena que essa rixa dure tanto.
Mas mudando de assunto... e quanto a mim?
Capuleto: Só posso repetir o que já disse:
Julieta pouco sabe dessas coisas:
não tem catorze anos. Dois verões
ainda vão morrer de velho, antes
que ela possa ostentar a sua grinalda.
Páris: Mas... mais novas que ela são mamães.
Capuleto: Mãe prematura não é mãe futura:
vi muita moça assim perder o viço.
A terra já tragou as esperanças
que eu tinha — menos ela, filha e herdeira
do que eu tenho e não tenho — os meus despojos.
Mas você tem de cortejá-la, Páris!
Ganhe o seu coração — que é uma parte
muito importante do consentimento.
Que ela escolha e decida: se for gosto...
assim será o meu — com meu acordo.
Eu vou dar uma festa nesta noite,
tradição de família... Muita gente

amiga — você em especial...
Seja bem-vindo: é honra pessoal!
Venha ver hoje em meu humilde teto
astros da terra iluminando o céu:
é um prazer para os moços saudáveis
estarem entre abertos botões femininos
na primavera em flor que pisa os pés
do lerdo inverno. Sinta-se você
assim em minha casa: veja todas,
ouça todas e escolha a mais dotada.
A minha é uma delas: em beleza,
perder, não perde — e em mérito as supera.
Vamos indo. — Você aí, rapaz,
percorra Verona e encontre as pessoas

Entrega um papel

que estão na lista, dizendo o convite:
prazer e honra em recebê-lo hoje.
Criado: Encontrar as pessoas desta lista? Por acaso está escrito que o sapateiro deve usar o metro; o alfaiate, as fôrmas; o pescador, o pincel — e o pintor, a rede? E eu, que não sei ler, tenho que sair à busca das pessoas escritas nesta lista, sem saber que nomes são. Preciso recorrer a alguém de instrução: — Em boa hora —

Entram Benvólio e Romeu

Benvólio: Ora, homem, com fogo apague o fogo;
em dor maior, a dor menor dói menos;
na tontura, desvire — diz o jogo;
na angústia, um mal-estar é desafogo;
nos olhos, uma enfermidade nova
faz a antiga dormir — ou ir pra cova.
Romeu: Deve ser boa essa mezinha mágica.

Benvólio: Diga pra quê.
Romeu: Pra sua fuça quebrada.
Benvólio: Você está louco?
Romeu: Ainda não — porém
mais amarrado que um louco furioso,
sem comer, açoitado — Que é, rapaz?
Criado: Bom dia, bom dia!... O senhor sabe ler?
Romeu: Sei ler a minha sorte no infortúnio.
Criado: Talvez tenha aprendido sem cartilha...
Mas sabe ler tudinho o que se escreve?
Romeu: Certo, se eu conhecer a letra e a língua.
Criado: Bem respondido, senhor... Esteja em paz.
Romeu: Calma, rapaz... Sim, eu sei ler. (*Lê*)
Sr. e sra. Martino e filha; conde Anselmo e suas formosas irmãs; viúva Vitrúvio; sr. Placêncio e suas encantadoras sobrinhas; Mercúcio e seu irmão Valentino; meu tio Capuleto, esposa e filhas; minha graciosa sobrinha Rosalina; Lívia; sr. Valêncio e seu primo Tebaldo; Lúcio e a animada Helena. Uma boa turma. (*Devolvendo o papel*) Aonde é que essa gente deve ir?
Criado: Lá em cima.
Romeu: E onde vão jantar?
Criado: Em nossa casa.
Romeu: Casa de quem?
Criado: Do meu patrão.
Romeu: É verdade: eu deveria ter perguntado logo.
Criado: Pois eu lhe digo, mesmo sem perguntar. O meu patrão é o grande e rico Capuleto: se o senhor não for da Casa dos Montéquios, então venha tomar uma taça de vinho com a gente. Passar bem! (*Sai*)
Benvólio: Grande festa da Casa Capuleto,
grande banquete! Estarão presentes
a bela Rosalina dos seus ais
e todas as beldades de Verona.

Por que você não vai? Com olhos livres,
compare-a com algumas que eu mostrar
— e a pomba vira corvo num olhar.
Romeu: Trair a devoção do meu olhar
com mentiras? Vire fogo em madeira
o pranto dos olhos: salvos das águas,
claros hereges — morram na fogueira!
Alguém mais bela!?... O próprio sol ainda
está pra ver no mundo outra mais linda!
Benvólio: Ela é bonita sem ninguém por perto:
é ela e ela em cada olho aberto.
Sejam seus olhos pratos de cristal
de uma balança: pese e veja qual
brilha mais, se é ela ou não na festa:
vamos ver desta jóia o que nos resta.
Romeu: Então, eu vou — não para ver a sua rainha,
mas para deslumbrar-me no esplendor da minha!

Saem

CENA 3

UMA SALA NA CASA CAPULETO

Entram sra. Capuleto e ama

Senhora: Ama, onde está a minha filha? Vá chamá-la.
Ama: Ai, por minha virgindade... aos doze anos — eu já chamei — Meu cordeirinho, minha pombinha — Que Deus não permita! — Mas onde está essa menina? — Ora, Julieta!

Entra Julieta

Julieta: Mas o que é? Quem está me chamando?

Ama: Sua mãe.
Julieta: A senhora me chamou, mãe? Alguma coisa?
Senhora: A questão é a seguinte: — Ama, deixe-nos a sós, precisamos falar em particular — Ama, pode voltar — Acho melhor que você ouça a nossa conversa. Como você sabe, a minha filha já está na idade.
Ama: Se sei, posso dizer até o dia e a hora.
Senhora: Ainda não completou catorze.
Ama: Se for preciso, arranco até catorze dentes — mas para minha dor, agora só me restam quatro — como ela ainda não completou catorze: quando vai ser o primeiro de agosto?
Senhora: Daqui a uns quinze dias, um pouco mais.
Ama: Dia mais, dia menos, nesse dia, o da prisão de são Pedro, à noite, ela vai fazer catorze anos. Pois Susana e ela — que Deus tenha as santas almas! — eram da mesma idade: — Sim, Deus a chamou para si, a minha Susana, ela era boa demais pra mim — mas, como eu ia dizendo, no dia primeiro, ela vai fazer catorze anos; nossa, eu me lembro tão bem. Desde o terremoto, lá se vão onze anos, nunca me esqueço, foi quando ela desmamou — não posso me esquecer daquele dia: eu tinha de passar losna no bico dos seios e estava esquentando um sol, encostada ao muro do pombal; — a senhora e o patrão estavam em Mântua — mas que memória, hem?! — mas, como eu ia dizendo, assim que sentiu o gosto da losna no mamá — amargo! — pobrezinha, fez uma cara! — e logo largou o peito. Justo nessa hora, o pombal começou a tremer — e eu não tive dúvidas, saí correndo. Onze anos se passaram, ela já ficava de pé — mais que isso, já corria e reinava por toda parte. Já na véspera, tinha caído e machucado a testa. E o meu marido — que Deus o tenha — era tão alegre! — levantou a menina do chão e disse: *Oh, minha garotinha, você quebrou a cara no chão? Quando crescer e tiver juízo, vai querer mais é cair de costas, não é mesmo, Juju?* Acredite, senhora, pela minha alma: a diabinha parou de chorar e disse: *É!...* — Quanta risada! — Posso dizer pra senhora: mesmo que viva mil anos, não vou esque-

cer nunca; — *Não é mesmo, Juju?*, foi o que ele disse — e a
tontinha parou de chorar e disse: *É mesmo*.
Julieta: E é bom parar também — falando a esmo!
Ama: Eu já parei, mocinha. Deus a tenha.
 Foi o bebê mais lindo que eu criei!
 Vê-la casada é o meu maior desejo.
Senhora: Pois é isso, pois é de casamento
 que eu quero falar. Diga, Julieta,
 minha filha, o que acha de casar-se?
Julieta: Uma honra com que nunca sonhei.
Ama: Não fosse eu a ama, eu me diria:
 Esta bebeu sabença em suas tetas.
Senhora: Bem, está na hora de pensar. Mais
 jovens que você — meninas de nome —
 já são mães de família. Nos meus cálculos,
 eu já tinha você, na sua idade.
 Encurtando, Julieta: o nobre Páris
 pediu a sua mão em casamento.
Ama: Puxa, que homem, menina, que homem!
 O mundo inteiro sabe que nem de encomenda!...
Senhora: Uma flor de rapaz deste lugar.
Ama: Sem dúvida, uma flor — e que partido!
Senhora: Você acha que pode gostar dele?
 Você pode vê-lo nesta noite
 — e lê-lo também: folheie o volume
 do rosto desse jovem, que resume
 o conto do prazer na pluma da beleza:
 veja bem como os traços se combinam
 — e se não entender alguma coisa,
 leia nas notas marginais dos olhos:
 é um exemplar de amor, do amor é um mapa:
 pra ser mais rico só lhe falta a capa.
 Dentro e fora, como na concha o peixe,
 duas belezas formam um só feixe;
 muitos olhos vão ver esse tesouro,
 pra ler e ter — entre fechos de ouro.

Você pode ter parte nessa história,
pois lê-lo e tê-lo é a suprema glória
— e em nada o diminuem os bens de um bem...
Ama: Ao contrário, aumentam a mulher também!
Senhora: O amor de Páris é do seu agrado?
Julieta: Vou procurar agradar, se isto agrada;
Mas os meus olhos não irão mais fundo
que a sua vontade de me dar o mundo.

Entra um criado

Criado: Senhora, os convidados estão chegando, o jantar está sendo servido, chamam pela senhora, a presença da senhorita é reclamada, na copa amaldiçoam a ama: preciso começar a servir — por favor, venham logo!
Senhora: Já vou, já vou! — Julieta, o conde a espera.
Ama: Noites felizes de uma primavera!

Saem

CENA 4

UMA RUA

Entram Romeu, Mercúcio, Benvólio, cinco ou seis mascarados e tocheiros

Romeu: É melhor disfarçar com um discurso,
ou entrar sem maior explicação?
Benvólio: Discurso não vai bem nos dias de hoje.
Cupido já era: os olhos vendados,
e o arco tártaro de pau de cor
não são mais que espantalhos de mulheres;
um discurso soprado pelo ponto,
antes de a gente entrar, também não serve.

O problema é dançar: ou dançam eles,
ou nós — ou todos — e a gente vai embora.
Romeu: Não vou dançar, pode me dar a tocha:
"carregado", quero que a luz me leve.
Mercúcio: Nada disso, meu caro: vai dançar.
Romeu: Não, eu não, pode crer: dance você,
que calça sapatilhas. Peso muito,
grudo no chão, não consigo mover-me.
Mercúcio: E nem se ver... Cupido o deixou cego,
mas desasado, não: dá pra voar.
Romeu: Não posso: as setas me feriram fundo,
e as asas não me levam deste mundo:
a dor me pesa, o amor me puxa: afundo!
Mercúcio: Se você mergulhar, o amor vai junto:
não é leve demais para um defunto?
Romeu: De leve não tem nada, é um chumbo, é duro
e áspero e espinhoso... e sem futuro!
Mercúcio: Se ele é duro, seja também duro,
e se pica, você deve picá-lo.
— Ó máscaras! Que lindo monstruário!

Pondo uma máscara

Uma cara na cara de um sicário;
não sabe o olhar curioso quem é quem
e o rubro da vergonha é de ninguém.
Benvólio: Vamos batendo e entrando: além da porta,
cada um por si... e ai da perna torta!
Romeu: A tocha é para mim; que os malandrões
arrastem os seus pés pelos salões.
Eu fico com o sábio dos conselhos —
seguro a vela, olho e me consolo:
a dança é boa, mas sofro dos artelhos.
Mercúcio: Sem essa, cara, que coitado é o pinto

que já nasceu pelado. Quem se pela
de amar mais uma vez é porque a pele
alguém lhe fez: a vela e o mau defunto!
Romeu: Acho que não, senhor.
Mercúcio: Eu quis dizer
que vela em mau defunto é vela à luz do dia.
Tome do lado bom — e isto vale
cinco vezes mais do que os cinco sentidos.
Romeu: Virmos aqui algum sentido faz,
mas juízo nenhum...
Mercúcio: Ah, é? Por quê?
Romeu: Tive um sonho esta noite.
Mercúcio: E eu também.
Romeu: O que você sonhou?
Mercúcio: Que os sonhadores mentem.
Romeu: Os sonhos são verdade no seu sono.
Mercúcio: Ah, já saquei! Foi a rainha Mab,
a parteira das fadas, quando chega,
do tamanhinho de um ovinho de ágata
no dedo indicador de um vereador,
puxada por parelhas de pozinhos
que fazem cócegas nos seus narizes;
pernas de aranha nos raios das rodas,
asas de gafanhoto na capota,
as rédeas trançadas de teias finíssimas,
coleira de luar de raios úmidos;
no cabo do chicote — osso de grilo;
no açoite, uma membrana — e o seu cocheiro
é um mosquitinho de libré cinzenta,
menor do que um bichinho redondinho
que sai do dedo de uma preguiçosa;
concha de carro? — casca de avelã
cavada por esquilo marceneiro
ou por um velho verme, desde tempos
fabricante real de carros de fadas.
Nessa equipagem, viaja de noite

no crânio de amantes — e sonham de amor;
nas pernas palacianas — salamaleques;
nos dedos jurídicos — só honorários;
nos lábios das damas — beijos, mais beijos
(mas a rainha Mab dá sapinhos
se os hálitos são doces e mais doces!);
basta voar pelo nariz de um cortesão
e ele fareja alguma promoção;
mas se brande o rabicó de um leitão
e mexe no nariz de um bom vigário,
logo ele sonha com alguma doação;
se passeia pela nuca de um soldado
— são gargantas cortadas de estrangeiros,
espanholadas, ataques, emboscadas
e brindes com copos de um metro; depois,
som de tambor no ouvido: treme: acorda
apavorado, reza uma reza e duas pragas,
dorme de novo. É ela mesma, a Mab
que trança as crinas dos cavalos pela noite,
neles empastando cabelos de elfos
com merda cozida — e muita desgraça anuncia
quem quiser desgrudá-los. É Mab, a mabruxa
que pesa na barriga das garotas
para que sejam mulheres de bom parto;
é ela quem...

Romeu: Chega, Mercúcio, paz!
Você fala bobagem.
Mercúcio: Sim, de sonhos,
que são crianças de cabeça ociosa,
do nada nascidas ou da fantasia;
tão tênues quanto o ar, mais inconstantes
que o vento, que corteja agora mesmo
o seio frio do norte: repelido,
sopra-se dali, arrepia caminho,
à procura do sul e seu orvalho.

Benvólio: Esse vento aí já nos soprou pra fora:
o jantar acabou, chegamos muito tarde.
Romeu: Ou muito cedo: sinto em minha mente
um triste evento, ora suspenso nas estrelas,
que vai marcar de amargo o dia de hoje,
num encontro festivo, início do fim
desta pobre vida encarcerada em mim
e condenada por delito infame
à morte prematura. Mas guie o barco
aquele que detém o leme do destino:
— Avante, gaiatos!
Benvólio: Soem, tambores!

Saem

CENA 5

UM SALÃO NA CASA CAPULETO

Músicos esperando; criados entrando

Criado 1: Onde está o Caçarola, que não vem tirar a mesa? Ele só quer saber de trocar... e lamber pratos.
Criado 2: Quando as boas maneiras estão nas mãos de um ou dois — e as mãos são sujas — a coisa fede.
Criado 1: Tire as banquetas daqui! Cuidado com a bandeja! Oi, cara, se você é meu amigo, guarde um naco de marzipã pra mim — e diga ao porteiro pra deixar entrar a Suzy Moinho e a Helena Destroy — Tônio! Caçarola!
Criado 2: Tudo em cima, companheiro!
Criado 1: Todo mundo anda atrás de você, no salão grande.
Criado 2: A gente não pode estar em toda parte. Coragem, rapazes! Quem tiver mais saco leva tudo!

Saem pelos fundos; entram os Capuletos, com convidados e mascarados

Capuleto 1: Cavalheiros, bem-vindos! — E, damas sem calos,
vocês se arriscam a uns passos comigo?
Agora quero ver quem vai negar-se:
aquela que der tábua está com calos!
Toquei no ponto fraco? Bem-vindos todos!
Ah, outros tempos! Mascarado, murmurava
coisinhas aos ouvidos das moçoilas.
Mas isso já passou, passou — Bem-vindos —
Música! Abram espaço! Dancem, meninas!

Começa a música: *dançam*

Mais luz, malandros — e empilhem as mesas;
está quente demais: abaixem o fogo.
Até que a brincadeira me faz bem.
Sente-se, caro primo: já passamos
da idade de dançar. Qual foi a última
vez que saímos de máscara?
Capuleto 2:   Nossa!
Acho que trinta anos!
Capuleto 1:   Impossível!
Não pode ser... Acho que foi no casamento
do Lucêncio... Por mais que o tempo voe,
não se passaram mais que vinte e cinco.
É por aí, foi a última vez.
Capuleto 2: Ponha mais anos nisso! O filho dele
fez trinta anos outro dia, homem!
Capuleto 1: Não me diga!? Não faz mais que dois anos
que me encontrei com ele — era um menino!
Romeu: Quem é a garota que enriquece a mão
daquele moço?
Criado: Eu não sei, senhor.
Romeu: Nossa! Ela ensina as tochas a brilharem:
parece suspensa no rosto da noite
como um brinco em orelha abissínia:
beleza muito rica para o uso,

cara demais para esta terra — pomba
branca entre corvos, é o que ela é,
quando está junto com as companheiras.
Depois da dança, vou vê-la sozinha,
para benzer na sua mão a minha.
Que os meus olhos desmintam se eu amei um dia:
não tinha visto a beleza — e não sabia.
Tebaldo: Pela voz, é um Montéquio!... — Minha espada,
garoto... Que audácia!... Aparecer
como um funâmbulo, para gozar
e zombar da nossa festa!? Pois eu acho,
pela honra da estirpe e da família,
que não peco se, daqui — e da vida — o despacho!
Capuleto: O que é que há, sobrinho, o que o agita?
Tebaldo: Aquele ali é um Montéquio, da maldita
raça inimiga, que aqui vem por desprezo.
Vai fazer pouco-caso — e ainda sair ileso?
Capuleto: Não é o jovem Romeu?
Tebaldo: Ele mesmo, esse patife.
Capuleto: Calma, sobrinho, deixe que ele fique
— e fique em paz: comporta-se bem o rapaz.
Dizem até que não há em Verona
quem não o aprecie, por seu comportamento
e boas qualidades. Por toda a riqueza
desta cidade, não quero aqui em casa
uma desfeita dessas. Só um pouco
de paciência. Não ligue — e encerre o assunto.
Faça o que lhe digo. Mostre-se cordial,
que uma cara amarrada pega mal.
Tebaldo: É o que faltava! Um vilão como esse,
nosso convidado!... Eu não vou agüentar!...
Capuleto: Pois vai, sim senhor! Ora essa, garoto!...
Estou dizendo: ele vai ficar.
Quem manda aqui? É você? Vá... vá!...
Mais essa, agora: não vai agüentar!...
Que Deus me proteja! O que você quer?

    Acabar com a festa, dar uma de galo?
    Você é bem capaz!...
Tebaldo: Mas, tio, é uma vergonha...
Capuleto: Ora, saia daqui: você é abusado
    mesmo! E ainda pode se dar mal.
    Ousando contrariar-me! Por que você não casa?
    Chega, cale a boca! — Luz! — Que vexame!
    — Ou eu faço calar. — Como? — Alegria!...
Tebaldo: Engolir a paciência sem soltar o ódio
    é um jantar que me faz ingurgitar.
    Eu me retiro, seu Romeu — mas o doce banquete
    um dia lhe há de entrar amargo no gasnete.

                                            Sai

Romeu: Se esta mão pecadora (um pecado venial)
    pegar e profanar a sua mão-capela,
    ó Santa Virgem Mão, não diga "não". Labial,
    como romeiro pegador que sou — não ela,
    mas sim a minha boca há de apagar o erro.
Julieta: Não calunie a sua mão demais, romeiro:
    ela demonstra devoção — e muita! — eu vejo...
    Um santo não tem mão? que o fiel verdadeiro
    toca — e a palma beija a palma em santo beijo?
Romeu: As santas não têm boca — e os romeiros também?
Julieta: Sim, meu romeiro: unicamente para a prece.
Romeu: Santa, se a mão faz mal, os lábios fazem bem:
    sem a fé da oração, a esperança enfraquece.
Julieta: Uma santa não mexe: ela atende aos pedidos.
Romeu: Pois então não se mexa e atenda ao meu desejo:
    sua boca na minha a absolvição exprime.

                                           Beija

Julieta: Mas agora, da sua, passou à minha o crime.

Romeu: Crime? Pra doce culpa, amável penitência:
    devolva ao réu.
Julieta: Você é um manual do beijo.
Ama: Menina, a sua mãe quer lhe falar.
Romeu: Quem é a mãe dela?
Ama: Ora, rapaz, a mãe
    é a dona da casa — uma pessoa boa,
    sábia e virtuosa. Criei sua filha —
    com quem você falava — E pode crer:
    aquele que tiver aquele prêmio
    terá uma fortuna.
Romeu: Ela é Capuleto?
    Que conta cara! Devo a vida à inimiga...
Benvólio: Vamos embora, a festa está no fim.
Romeu: Temo que sim, mas não o medo em mim.
Capuleto: Ora, rapazes, ainda é cedo, não se vão.
    Logo mais vamos ter uma boa ceia.
    Não dá, mesmo? Bem, eu agradeço a todos.
    — Obrigado, rapazes — Boa noite! —
    Mais tochas aqui! — É hora de ir pra cama.
    (*A Capuleto 2*) — Caramba, meu caro, como é tarde.
    Vou repousar.

                    Saem todos, menos Julieta e ama

Julieta: Ama, me diga: quem é aquele moço?
Ama: É o filho e herdeiro do velho Tibério.
Julieta: E aquele outro, que está de saída?
Ama: Bem, aquele acho que é o jovem Petrucho.
Julieta: E o que vai lá — e que não quis dançar?
Ama: Não conheço.
Julieta: Vá e pergunte. Se for casado,
    no túmulo há de ser o meu noivado.
Ama: Romeu é o nome dele — e é um Montéquio,
    filho único do seu grande inimigo.

Julieta: Nasce do único ódio o único amor,
  surgido por acaso e tarde conhecido.
  Este nascer do amor é extraordinário:
  apaixonar-me pelo meu contrário!
Ama: O que é isso, o que foi?
Julieta: Uns versos que aprendi
  com certo par na dança.

Chamam Julieta, de dentro

Ama: Vamos, agora chega.
  Vamos dormir, os convidados já se foram.

Saem; entra o coro

Agora, já agoniza o amor antigo
e outra afeição aquece o seu lugar.
Quem preferia a morte por castigo
de abjurar, por Julieta vai jurar.

Romeu, agora amado, ama outro sol:
mútuo feitiço do olhar que arrisca.
Ama a inimiga? E ela rouba a isca
doce do amor de um perigoso anzol.

Sendo inimigo, ele não tem acesso
às juras e suspiros dos amantes
— e muito menos ela, em seu recesso,
sem meios para encontros mais constantes.

Mas a paixão tem força, tempo e meios:
desfaz amarras com trançar de enleios.

Sai

2º ATO

CENA 1

PRAÇA AO LADO DO JARDIM DOS CAPULETOS

Entra Romeu

Romeu: Como ir em frente sem o coração?
Desvire, terra chata, em sua rotação.

Escala o muro e rola para o outro lado; entram Benvólio e Mercúcio

Benvólio: Romeu, meu priminho!
Mercúcio: Que obediente!
Não é que já foi pra sua casa e cama?
Benvólio: Ele correu pra cá e escalou este muro.
Chame-o, seja bonzinho, meu Mercúcio.
Mercúcio: Mais que isso, faço uma invocação:
Romeu! Fluidos! Pirado! Paixão! Namorado!
Apareça sob a forma de um suspiro,
de um verso bem bonito — que eu vou embora!
Basta gritar: Ai! — ou rimar *amor* e *humor*,
falar a boa palavra à alcoviteira Vênus,
ou um novo nome para o estúpido cupido
— O Abrão Cupido, de pontaria tão certeira,
que o rei Cofétua se engraçou de uma mendiga.
Não ouve, não se mexe, não caminha!...
O macaco está morto: só resta um exorcismo:
Pelo brilho dos olhos rosalinos — conjuro você!
Pela testa tão alta e a boca encarnada,
pelo pezinho, as pernas retas, as coxas rebolantes
e tudo o mais que enfeita a vizinhança
— conjuro você! E me apareça já!
Benvólio: Se ele estiver ouvindo, vai ficar zangado.
Mercúcio: Isso é que não! Se eu materializasse
na roda rosalina um certo espírito

>   de natureza estranha, que só desaparece
>   depois que ela o esconjura e acalma
>   e ele encolhe — aí, valia a bronca.
>   Mas eu sou justo: pelo amor de Rosalina,
>   levante-se, Romeu, de entre os mortos!
>
> *Benvólio*: Vamos embora. Escondeu-se entre as árvores
>   para gozar da companhia da noite:
>   se o amor é cego, o escuro lhe vai bem.
>
> *Mercúcio*: Se é assim tão cego, não acerta o alvo:
>   eu acho que ele está no pessegueiro,
>   sonhando que o amor é aquele fruto
>   que tem um racho, como riem as moças.
>   Ai, meu Romeu, se Rosalina fosse,
>   uma coisinha etceterzinha — com a varinha...
>   — Romeu, boa noite, eu estou indo pra caminha,
>   pois esta cama de campanha é muito fria.
>   Vamos tocando?
>
> *Benvólio*:   É isso mesmo. Não adianta
>   ir em busca de alguém que a gente mesmo espanta.

Saem

CENA 2

JARDIM DOS CAPULETOS

Entra Romeu

Romeu: Só ri da cicatriz quem nunca foi ferido.

Julieta aparece ao alto, na sacada de uma janela

> Silêncio! Que luz é aquela na janela?
> É o sol nascente: Julieta nasce!
> Desperte, sol, e mate a lua ciumenta,
> que de penar está doente e macilenta,
> pois ela, e não você, é criada perfeita.

Não seja a sua criada, ela é invejosa:
esverdinhada é a sua veste de vestal:
só os loucos a usam: jogue-a fora.
Ali está a minha dama, o meu amor.
Se ela ao menos soubesse!... Está falando
ou não? Seus olhos falam... Respondo ou não?
Sou um intruso: ela não fala a mim.
Duas das estrelas mais brilhantes,
tendo partido para algum serviço,
encarregaram os seus olhos de brilhar!
Se fosse o contrário? Seus olhos no céu...
O brilho do seu rosto apagaria os astros,
como o dia apaga as velas — e, no céu,
o ar, com seu olhar, seria tão brilhante,
que os passarinhos haveriam de cantar,
pensando que era dia com luar...
Pousa agora na mão a sua face!
Fora eu uma luva em sua mão,
para beijar-lhe o rosto.

Julieta: Ai-ai de mim!
Romeu: Fale,
Fale de novo, anjo de luz, glorioso
no alto desta noite e da minha cabeça,
tal como um emissário das alturas
a arregalar os olhos dos mortais,
que torcem o pescoço para vê-lo,
quando cavalga as nuvens preguiçosas,
inflando as velas pelo seio do ar.
Julieta: Romeu! Romeu! Por que você é Romeu?
Negue seu pai e renuncie ao nome;
se não quiser, basta jurar-me amor,
e eu deixarei de ser a Capuleto.
Romeu: Devo ouvir mais ou devo responder? (*À parte*)
Julieta: O que é um Montéquio? Não é mão, nem pé,
ou braço, ou rosto, ou qualquer outra parte
de um homem: seja outro nome! Nome?

O que há num nome? O que chamamos rosa
não cheiraria tão doce em outro nome?
Assim, Romeu, se fosse um não-Romeu,
não perderia a querida perfeição
sem o seu nome. Jogue fora o seu *Montéquio*,
fique comigo, inteirinha!
Romeu: Peguei você
na palavra! Eu não fui batizado,
meu nome é Amor, não sei quem é Romeu.
Julieta: Que homem é você, na noite oculto,
que assim penetra em meu segredo?
Romeu: Um vulto
sem nome, que não pode apresentar-se.
Odeio este meu nome, minha santa,
porque é seu inimigo. Fosse escrito
em mim, nalguma parte, eu rasgaria.
Julieta: Ainda não bebi nem cem palavras
dessa boca e já sei de quem é o som.
Será você, Romeu? Você, Montéquio?
Romeu: Nem um, nem outro, se lhe desagradam.
Julieta: Como chegou aqui? Por onde veio?
Os muros não são fáceis de escalar
e o lugar é mortal para você,
se algum dos meus parentes o encontrar.
Romeu: Com as asas do amor, saltei por eles:
não há muros de pedra para o amor.
Se ele pode fazer, eu também posso:
seus parentes não podem me deter.
Julieta: Eles matam você, se o encontrarem.
Romeu: Ai de mim! Há mais risco em seu olhar
do que em suas espadas. Seu carinho
é a única barreira ao seu rancor.
Julieta: Por nada deste mundo eu quero vê-los.
Romeu: O manto da noite me esconde dos ódios,
mas não do seu amor — se houver amor.

Prefiro a morte rápida do ódio
do que a prolongada — sem você.
Julieta: Mas quem foi que ensinou este caminho?
Romeu: Quem me fez indagar foi o amor:
deu-me conselhos, eu lhe dei meus olhos.
Sem ser piloto do mar, eu a acharia
na mais longínqua praia do oceano:
por essa carga, arriscaria tudo!
Julieta: Ainda bem que a noite me mascara,
senão a máscara seria rubra.
Pelo que viu e ouviu, seria vão
tentar manter as aparências, vão
desmentir, mas... Chega de cerimônia!
Você me ama? Vai dizer *sim*, não?
Pois vou acreditar em sua palavra.
Jurar seria falso. Até Júpiter
ri das juras de amor — é o que dizem.
Gentil Romeu, você me ama? Diga!...
Ou fui fácil demais para ganhar?
Então, vou dizer *não!*, fechar a cara,
para você correr atrás; senão,
nunca... — é que eu estou apaixonada.
Talvez você me julgue leviana,
mas, creia, meu amor, sou mais sincera
do que as espertinhas e as "difíceis".
Eu poderia ser bem mais distante,
mas se você roubou o meu segredo,
eu lhe peço perdão: não julgue mal,
achando leviandade este abandono,
que a noite, ao escondê-lo, revelou.
Romeu: Linda senhora, pela lua eu juro,
a lua que prateia o arvoredo... —
Julieta: Não jure pela lua, que é inconstante
e muda todo mês o seu caminho
— e que você varie tenho medo!...

Romeu: Então, como devo jurar?
Julieta: Não jure,
    ou jure simplesmente por você,
    você que é o deus da minha devoção
    — e eu vou acreditar.
Romeu: Se o meu amor...
Julieta: Não jure, não! Tanta alegria eu sinto,
    que não me alegra um pacto assim, noturno
    — muito imprevisto, irrefletido, súbito,
    como um relâmpago que apaga, antes
    que eu diga — *Um raio!* — Boa noite, meu bem:
    o sopro generoso do verão
    deste botão de amar fará uma flor,
    quando nos virmos outra vez. Boa noite!
    Repouse o coração na doce calma,
    igual à que o amor me traz à alma.
Romeu: Vai me deixar assim, insatisfeito?
Julieta: Para esta noite, qual satisfação?...
Romeu: Nossos votos de amor estão calados.
Julieta: Mas, sem pedir, os meus já foram dados.
    Com muito gosto, eu os daria de novo.
Romeu: Você os retiraria? Mas por quê, meu anjo?
Julieta: Para ser franca, para dar de novo.
    Mas nada quero além do que já tenho.
    Generosidade sem fim, um mar
    sem fundo, assim é o meu amor; mais dera,
    mais ganhara — até o fim do mundo!

Ama chama de dentro

Ouço barulho, alguém me chama — Adeus!
— Já vou! — Meigo Montéquio, seja sincero...
Espere um pouco mais, eu volto já.

Sai

Romeu: Que santa noite! Que noite! Mas eu temo
que tudo isto seja só um sonho,
lisonjeiro demais pra ser real.

Julieta retorna ao balcão

Julieta: Três palavrinhas, amor. Aí, então...
"boa noite", de verdade. E se é verdade
que as suas intenções são as mais sérias,
mande um recado, amanhã, que eu logo mando
alguém à sua procura, pra marcar
lugar e dia e hora: o meu destino
segue os seus passos até o fim do mundo.

Ama, de dentro: "*Senhora!*"

Já sei, já vou! — Se a sua idéia é outra,
porém, suplico, imploro —

Ama: "*Senhora!*"

Já vou indo! —
Não me procure mais — que eu sei achar a dor!
Mando alguém amanhã...
Romeu: Salvar-me a alma!
Julieta: Mil vezes boa noite!
Romeu: E mais mil vezes má!
Como os meninos que correm da lição,
vão ao feliz encontro os namorados;
vão pra escola os meninos, contrariados,
separam-se os amantes na aflição.

Retira-se lentamente; Julieta volta

Julieta: Psiu! Romeu! Tivera a voz de um falcoeiro,
para atrair de volta o falcãozinho:

a servidão é rouca e fala baixo;
caso contrário, destruiria a caverna
de Eco a chamar por seu amado,
e ela haveria de ficar mais rouca
ao repetir o nome de Romeu.
Romeu: Quem pronuncia meu nome? A minha alma.
Tem som de prata doce a língua dos amantes
para os que à noite a ouvem, caminhantes...
Julieta: Romeu!
Romeu: Minha querida!
Julieta: A que hora
alguém o encontra, amanhã?
Romeu: Pelas nove.
Julieta: Não vou falhar! Um século... até lá!
Mas eu já me esqueci por que chamei.
Romeu: Eu fico aqui até você lembrar.
Julieta: Vou esquecer para você ficar,
só lembrando do amor de sua presença.
Romeu: E eu vou ficando para que se esqueça,
enquanto esqueço todo outro lugar.
Julieta: É quase de manhã. Você deve ir,
mas não mais longe do que um passarinho
de brinquedo, que uma menina finge
que deixa fugir, mas traz de volta ao ninho
da mão, por um cordel de seda. Pobre
cativo, cuja liberdade ela não quer,
de ciúme!
Romeu: Ah, se eu fosse o passarinho!
Julieta: Mas eu o mataria de carinho!
Boa noite. A despedida é uma dor tão doce,
que eu falo de manhã como se noite fosse.

Sai

Romeu: Sono nos olhos, paz no coração!
Quisera ser os dois na sua oração...

Tenho de ir agora ao confessor:
a minha sorte exige orientador.

CENA 3

CELA DE FREI LOURENÇO

Entra frei Lourenço, com um cesto

Lourenço: Sorri a manhã cinza, a noite já boceja:
a luz estria as nuvens da aurora benfazeja.
Manchado, como um ébrio, o escuro cambaleia
e se afasta da trilha do sol que ele odeia;
mas, antes que esse sol mostre o olhar que afogueia,
preciso abastecer este cesto de vime
com ervas, flores — boas, más — de vida ou crime —.
A terra é a mãe da natureza, mas sua cova
também — e num sepulcro ou ventre se renova.
Germina nesse ventre a prole mais plural,
que mama por igual no peito natural.
Muitas possuem qualidades excelentes
— nenhuma isenta delas, todas diferentes.
Milagroso é o poder que reside nas plantas,
ervas e pedras — qualidades que são tantas!
Até mesmo a mais vil sempre tem sua virtude,
que ela devolve à terra que lhe dá saúde;
porém nada é só bom, se se desvia do uso,
contrariando o berço e permitindo o abuso.
Vira vício a virtude ao aplicar-se mal
e o vício bem dosado escapa ao anormal.
Na corola infantil desta flor inocente
pode morar a cura ou um veneno potente:
faz bem a todos os sentidos, pelo cheiro,
mas degustada, mata-os todos, sem primeiro.
Como reis inimigos em disputa atroz,
aqui se opõem a graça e o ânimo feroz

— e onde predomina a força negativa,
logo o câncer mortal devora a planta viva.

Entra Romeu

Romeu: Bom dia, padre!
Lourenço: Deus o abençoe!
    Voz tão macia... e matinal! Que foi?
    Despedir-se da cama a essa hora,
    meu filho, é o mesmo que dizer — E agora?
    Para os velhos, preocupação é mais que um par:
    quando ela chega, o sono dá o lugar;
    mas com cabeça fresca e energia de sobra,
    deitar e adormecer são uma e mesma obra.
    Quando vejo você com ar de quem madruga
    pergunto se foi febre... — ou: quem o pôs em fuga?
    Ou ainda — e acho que é o mais certo —
    Aposto que Romeu ainda está desperto.
Romeu: Acertou uma parte — a melhor parte é minha.
Lourenço: Oh, Deus! Não diga que passou com Rosalina?!
Romeu: Com Rosalina, padre? Por favor...
    Já me esqueci do nome, quanto mais da dor.
Lourenço: Meu filho, ainda bem. Mas onde esteve, então?
Romeu: Eu vou contar, para livrar-me de um sermão.
    Estava numa festa, em reduto inimigo,
    quando alguém me atingiu e foi também ferido.
    Ambos queremos uma cura, e esse remédio
    só pode vir a nós por seu santo intermédio.
    Não guardo ódio algum, padre — e digo
    que intercedo por mim e por meu inimigo.
Lourenço: Seja mais claro, filho, e vá direto ao caso:
    se a confissão é enigma, a absolvição é acaso.
Romeu: Pois saiba então que o meu amor jogou na sorte
    da linda filha Capuleto; eu fiz-lhe a corte —
    e ela também jogou na minha... e eu não mais tento:
    o número final se chama casamento.

Mais tarde, falo dos detalhes — meio a esmo... —
mas é preciso que casemos hoje mesmo.
Lourenço: Por são Francisco, meu rapaz, mas que mudança!
A eterna Rosalina já saiu da dança?
Como é que pode o amor dos jovens mentir tanto
— se não no coração, sem dúvida no pranto?
Jesus Maria! Lágrimas em catarata
inundavam-lhe o rosto por aquela "ingrata".
Quanta água salgada, em choro derretido,
pra regar um amor que não seria colhido!
O sol mal penetrou a névoa dos gemidos
— e o choro envelheceu em meus velhos ouvidos.
Olhando bem, ainda vejo no seu rosto
a gota velha, não lavada, de um desgosto.
Se você era sincero em sua dor,
se ambos tinham Rosalina por amor
— como mudar assim? É pena que assim seja:
se o homem não sustenta, é a mulher que fraqueja.
Romeu: Por esse amor recebi muita censura.
Lourenço: Pelo exagero, não por amá-la, criatura.
Romeu: Queria até enterrá-lo...
Lourenço: Não numa cova
onde enterrasse uma e exumasse uma nova.
Romeu: Não me censure mais: essa que eu amo tanto
dá e recebe todo o amor e todo o encanto;
a outra, não.
Lourenço: Acho que soube olhar;
Romeu ama de cor, não sabe soletrar.
Mas vamos deixar disso, amante vacilante:
de um certo modo, posso ser seu ajudante.
A providência pode estar nessa aliança;
firma-se então a paz e se recolhe a lança.
Romeu: Vamos, então, meu padre: estou com muita pressa.
Lourenço: Calma e prudência: quem mais corre, mais tropeça.

Saem

CENA 4

UMA RUA

Entram Benvólio e Mercúcio

Mercúcio: Onde diabo foi parar esse Romeu? Ele não foi pra casa, esta noite?
Benvólio: Para a casa do pai, não; falei com ele.
Mercúcio: É aquela putinha pálida de coração de pedra, aquela Rosalina, que o atormenta, que o deixa louco desse jeito.
Benvólio: Tebaldo, o parente do velho Capuleto, mandou uma carta para o pai de Romeu.
Mercúcio: É um desafio, aposto.
Benvólio: Romeu vai responder.
Mercúcio: Qualquer homem que sabe escrever pode responder uma carta.
Benvólio: Não é isso: ele vai responder ao autor, ponto por ponto, desafio por desafio.
Mercúcio: Coitadinho do Romeu! Ele já está morto! — apunhalado pelo olho negro de uma bruaca branca; com o balaço de uma canção de amor no ouvido; com a cavilha do coração rachada pela flecha sem ponta de um arqueiro ceguinho — e esse é o homem que vai encarar Tebaldo?
Benvólio: Ora, e quem é esse Tebaldo?
Mercúcio: Ora, é pouco mais do que um nome de gato, sacou? Ele é o intrépido capitão dos salamaleques: esgrime como você trauteia uma ária — mantendo compasso, distância e andamento: Diga comigo: um — dois — ... e o três é um trejeito no seu peito. É o próprio carniceiro maneiro — um duelista, um verdadeiro duelista — um cavalheiro da mais pura linhagem e das primeiras e segundas lições de linguagem. Ah, que golpe mortal o chamado *passado*! — Veja agora o *punto reverso* e o "Ah, certo!...".

Benvólio: O quê?
Mercúcio: A praga desses maneirismos, a afetação, a frescura dos ss e rr desses "modistas": "Por Deus, que superlâmina!" — "Pô, que homem super!" "Uma superputa!" E você não acha lamentável, meu senhor, que a gente tenha de agüentar esses insetos de fora, esses figurinistas da moda, com seus "pardonemoás", que tanto se ligam no último corte que já não se sentem bem dentro das velhas calças. Ah, os seus "bons-bons"!

Entra Romeu

Benvólio: Aí vem Romeu, aí vem Romeu!
Mercúcio: Mais parece um arenque defumado — já sem as ovas. Oh carne, oh carne pacificada, como você está peixificada! Agora ele só se amarra nos metros e rimas de Petrarca: em comparação com a sua garota, a Laura do Petrarca não passava de uma arrumadeira — ainda bem que tinha um bom amante para cantá-la... —; Dido, uma relaxada; Cleópatra, uma cigana; Helena e Hero, bruxas e biscates; Tisbe, um olho escuro, mas não para olhar... Signore Romeu, *bonjour*!: uma homenagem às suas calças gaulesas. Você nos engrupiu, a noite passada.
Romeu: Bom dia aos dois: qual foi o meu grupo?
Mercúcio: Ô cara, você não lembra? Foi saindo de mansinho, à francesa.
Romeu: *Pardon*, caro Mercúcio, mas eu tinha um caso sério a resolver.
Num caso como o meu, a boa educação manda.
Mercúcio: Quer dizer, num caso como o seu, o sujeito tem de ficar de calças curtas.
Romeu: Ou seja, ser cortês.
Mercúcio: Muito bem recortado!
Romeu: Uma boa exibição pra corte.
Mercúcio: Melhor, para um cor...tesão da corte.
Romeu: Cor-de-rosa?

Mercúcio: Cor...reto.
Romeu: Então vai dar cor ao meu sapato!...
Mercúcio: Mas que gracinha! Em lugar de pontapé, você vai ter de sapatear até gastar a sola, e, quando a sola ficar meia, você vai ver que, de graça, vai ficar só.
Romeu: Ô piadinha singular e solitária para um futuro solteirão.
Mercúcio: Intervenha, Benvólio, o meu fôlego está no fim!
Romeu: Duro nele, duro nele: acho que essa eu já levei.
Mercúcio: Se eu passar de sapato a pato, estou perdido, porque uma pata desse pato vale as minhas cinco. Que tal passar de pato a ganso?
Romeu: Ah, não, você vai ter de agüentar as patadas.
Mercúcio: Por essa piadinha infame, você devia afogar o ganso.
Romeu: Prefiro refogar.
Mercúcio: Esse seu humor tem muito sal e estraga o molho.
Romeu: Mas será que não dá uma boa mulher?
Mercúcio: Pode dar uma sal...moura! É dente por dente, molho por molho! O humor desse cara espicha mais do que bexiga de cabrito! Está brincando de gato e rato!...
Romeu: E não vou deixar barato: vou morder-lhe a orelha, para você meter um brinco... no buraco!
Mercúcio: Está vendo como isso é bem melhor do que grunhir de amor?! Agora, sim, voltou às boas maneiras o nosso Romeu. Você é o que é graças à arte e graças à natureza. Esse seu amor encanado é muito natural: você encarna o enganado que sai por aí como um bobo bêbado que tenta esconder a cabeça num buraco qualquer...
Benvólio: Chega, chega!
Mercúcio: Mas, como? Você corta o meu conto assim, como se fosse "ah / sim"?
Benvólio: Caso contrário, eu comeria assado.
Mercúcio: Nem assim, nem assado: os meus miolos já estão no ponto e como eu não como o pato completo, eu quero um desconto!
Romeu: Mas olhem lá que boa manobra!

Entram a ama e Pedro

Mercúcio: Uma vela, uma vela!
Benvólio: Duas, duas: uma saia e uma camisa.
Ama: Pedro!
Pedro: Pronto!
Ama: Meu leque, Pedro.
Mercúcio: Pobre Pedro... Esconder a cara dela... O leque do moleque é melhor que a cara dela.
Ama: Bom dia a vós, meus cavalheiros.
Mercúcio: Bundinha!... Bastarda!... Gentil senhora!...
Ama: Já é de tarde?
Mercúcio: Pra baixo de meio-dia não é, eu lhe garanto, porque o ponteiro sacana já está quase de pé no outro...
Ama: Um pé em você, seu sem-vergonha! Que espécie de homem é você?
Romeu: Minha senhora, é um homem que Deus fez para danar-se.
Ama: Pela minha alma, até que foi bem dito — "para danar-se". Senhores, pode alguém dizer-me onde encontrar o jovem Romeu?
Romeu: Até que posso, mas o jovem Romeu, quando você o encontrar, já estará mais velho do que quando você veio procurá-lo. Sou o mais novo dos Romeus, por falta de melhor.
Ama: Você fala bem.
Mercúcio: Para ela, o pior é o que está bem. Boa, bem sacado.
Ama: Se o senhor for ele, preciso ter uma palavra particular com o senhor.
Benvólio: Acho que é um convitinho para uma ceia...
Mercúcio: É uma celestina! Uma alcoviteira! Uma cafetina! Aqui!...
Romeu: Você farejou alguma coisa?
Mercúcio: Não levantei lebre, nem coelho... — só uma "covelha" embolorada, que não dá para comer:

Uma coelha bem velha
uma covelha

é um prato especial em Verona
se você não exige
e transige
no tempero de manjeri...cona —

— Romeu, vamos filar o almoço na casa do seu pai. Você vem?
Romeu: Vou, sim, logo em seguida.
Mercúcio: Adeus, velha senhora; adeus, velha... ora, ora, ora!

Saem Mercúcio e Benvólio

Ama: Posso lhe pedir uma coisa? Que espécie de vendeiro descarado era esse, que tinha tanta coisa podre armazenada?
Romeu: Um cavalheiro, minha senhora, um cavalheiro que se encanta com as próprias palavras e que mais conta e canta num minuto do que pode ouvir num mês.
Ama: Se ele falar alguma coisa de mim, ele vai ver o que é bom... nem que fosse mais forte... nem vinte iguais a ele... Se eu não puder, eu sei quem pode! Tipo à-toa. Não sou nenhuma de suas biscates, nenhuma de suas vadias. E você?!... Fica aí plantado, sem dizer nada — e deixa que qualquer malandro faça pouco-caso de mim!
Pedro: Mas eu não vi nada disso! Se tivesse visto, logo sacava da espada, não tenha medo. Posso ser tão rápido quanto qualquer um, numa boa briga... e quando a lei está do meu lado.
Ama: Por Deus! Estou com tanta raiva que estou tremendo da cabeça aos pés. Tipo à-toa!... Mas, desculpe, senhor, só uma palavrinha. Como eu lhe disse, a minha jovem senhora mandou que eu o procurasse. O que ela me disse para eu lhe dizer é segredo — mas deixe que eu lhe diga: se a sua intenção é desencabeçar a moça, como se diz, seria uma ação das mais condenáveis, como se diz — Minha gentil patroa é moça e se o senhor fizer jogo duplo com ela — isso seria muito feio para qualquer menina bem criada, um jeito muito baixo de conduzir-se.

Romeu: Ama, recomende-me à sua senhora e patroa. Eu lhe asseguro que...
Ama: Ai, que bom, minha santa protetora! Quando eu contar, ela vai ficar radiante!
Romeu: Mas o que é que você vai dizer? Eu não disse nada ainda...
Ama: Eu vou dizer a ela que o senhor assegura — o que quer dizer, segundo entendo, que se trata de uma promessa de cavalheiro.
Romeu: Então, diga a ela que encontre um meio de ir confessar-se, esta tarde, na cela de frei Lourenço — para confessar e casar. Aceite isto.
Ama: De modo algum, senhor — nem um tostão.
Romeu: Vamos, vamos — faço questão.
Ama: Então, esta tarde, senhor. Ela não há de faltar.
Romeu: Fique esperando por detrás do muro;
logo, um homem da minha confiança
vai entregar-lhe uma escada de cordas,
um meio de eu chegar em meio à noite
— ao topo mais galante de um amor.
Seja fiel, você não se arrepende.
Até a vista e recomendações a ela!
Ama: Deus o abençoe! Mas, senhor, escute —
Romeu: O que você tem a dizer, minha cara ama?
Ama: Bem, meu senhor... A minha senhora é a mais doce das damas, uma fofura! Oh, meu Deus! Quando ela era ainda uma menina tagarela, já um certo cavalheiro da cidade, um certo Páris, estava a fim de sacar punhal e espada por causa dela. Mas ela — ai que santa alma, meu Deus! — preferia antes ver um sapo pela frente — um sapo! Eu às vezes fico zangada e digo que o conde Páris é um superpartido — mas tenho que confessar que, quando eu falo assim, ela fica mais branca do que cera. O rosmaninho dá sorte — e não começa com a mesma letra de Romeu?
Romeu: Sim, ama, e daí? Ambas começam com a mesma letra — R.
Ama: Ah, brincalhão!... *Erre* parece nome de cachorro... Acho

que começa com outra letra — ela tem cada idéia sobre o
senhor e o rosmaninho, o senhor precisa ouvir, dá sorte.
Romeu: Recomende-me à sua senhora.

Sai

Ama: Sem dúvida, mil vezes! — Pedro!
Pedro: Pronto!
Ama: Vá adiante — e bem ligeiro.

Saem

CENA 5

JARDIM DOS CAPULETOS

Entra Julieta

Julieta: Quando mandei a ama já eram nove
— e disse que voltava em meia hora!
Ela não o encontrou!?... Não pode ser!
Ela é manca!... Correio é o pensamento,
bem mais ligeiro que um raio de sol
que entrega as sombras aos pés das colinas.
Por isso, as pombas levam a paixão
e o deus pequeno tem as asas do vento.
O sol já está lá em cima da montanha,
a caminhar... Das nove às doze,
são três horas compridas, mas... e ela?
Tivesse sentimento e o sangue-moça,
seria mais ligeira que uma bala:
eu a projetaria ao meu amor
com palavras — e ele a devolveria!
Mas os velhos parecem mortos trêmulos,
lerdos, pesados, cinza como o chumbo!

Entram ama e Pedro

Ainda bem, meu Deus! Minha amazinha,
falou com ele? Então?... — Mande-o embora.
Ama: Pedro, espere no portão.
Julieta: Então, maminha? — Mas que cara é essa?
Transmita as novas más com cara alegre;
se forem boas, não desafine o tom,
tocando com a cara tão azeda.
Ama: Estou sem fôlego, tão exausta;
as juntas doem — o que eu corri!
Julieta: Dou-lhe os meus ossos, quero o seu recado.
Ah, por favor, mãezinha, fale, conte!
Ama: Jesus, que pressa! Não pode esperar?
Não vê que eu nem posso respirar?
Julieta: Como não pode, se eu vejo que pode
falar pra mim que tem falta de ar?
Você quer arrastar essa desculpa
só pra prolongar minha tortura.
É bom ou ruim? E diga de uma vez!
Diga! Tenho coragem de encarar.
Você tem de me dizer — é boa ou má?
Ama: Está bem. Pois fique sabendo que a menina fez má escolha. Você não sabe como escolher um homem. Romeu — ah, essa não! Pela cara, até que é mais bonito do que o outro. — Pernas iguais àquelas — nunca! A mão, o pé, o corpo... é verdade... também estão acima da média... Não chega a ser o máximo da gentileza, mas é cordial como um cordeiro — Vá em frente, menina — e que Deus seja servido. — Você jantou em casa?
Julieta: Não, não! Mas tudo isso eu já sabia.
E o casamento? O que foi que ele disse?
Ama: Nossa Senhora, que dor de cabeça!
Eu acho que ela vai arrebentar!
Ai, minhas costas — ai, que dor nas costas!

Você vai me pagar, por me mandar
correndo por aí, pra-cá-pra-lá.
Julieta: Eu juro de verdade, eu sinto muito —
mas, se você gosta de mim... — e ele?
Ama: Ele? Manda dizer que é um cavalheiro
honesto e cumpridor. — E a sua mãe?
Julieta: Minha mãe? Ora essa, está lá dentro.
Onde podia estar? Meu Deus, que raiva!
"Ele manda dizer..." "Onde está sua mãe?"
Ama: Minha Nossa Senhora, mas que coisa!
Mas que menina esquentada! Que gênio!
É essa a cataplasma pros meus ossos?
Pois na próxima vez, vá você mesma.
Julieta: Quantos melindres! Conte: o que ele disse?
Ama: Você tem permissão pra confessar?
Julieta: Sim.
Ama: Então, vá correndo ao frei Lourenço,
que um bom marido espera por você.
Ah, malandrinha, já ficou vermelha!
Pois espero que fique mais ainda.
Vá correndo à capela, eu vou depois.
Preciso de uma escada: a sua paixão
precisa dela pra chegar ao ninho.
Pra seu prazer, hoje sou a mucama,
mas, amanhã, você será a cama.
Eu vou jantar, você vai para a cela.
Julieta: Vou para o céu! Até, querida ama!

Saem

CENA 6

CELA DE FREI LOURENÇO

Entram frei Lourenço e Romeu

Lourenço: Bênçãos do céu para este santo ato
 — e que o futuro não condene o pacto!
Romeu: Amém! A dor maior não pode superar
 a troca de prazer do seu olhar.
 Enlace nossas mãos com boas palavras
 — e chega! Não há morte para o amor:
 basta dizer-me a mim que ela é minha.
Lourenço: Prazeres violentos têm o fim dos ventos:
 triunfam num momento, como o beijo
 da pólvora e do fogo; o mel mais doce,
 por ser demais delicioso, enjoa
 e acaba por matar o paladar.
 Modere o amor: o amor não é o momento:
 O apressado se atrasa — como o lento.

Entra Julieta

 Aí vem a noiva... com passo tão leve,
 que não desgastaria a pedra menos dura.
 Quem ama se equilibra numa teia
 de indolência, na alegria do verão,
 sem despencar — tão leve é a presunção.
Julieta: Para o meu santo confessor, bom dia!
Lourenço: Romeu dirá obrigado por nós dois.
Julieta: E eu também, se não ficar devendo.
Romeu: Julieta, se o compasso da alegria
 for da mesma medida, e se a sua arte
 melhor souber cantar e decantar
 esta ária do encontro e da fortuna,
 então, adoce o dueto de eu a amar!
Julieta: O sentimento fala e é material,
 sem palavras e adornos — é real.
 Somente os pobres contam sua fortuna;
 o meu amor chegou a tal grandeza,
 que qualquer conta é menos que a pobreza!

Lourenço: Vamos, vamos, o ofício será breve:
suas pessoas não podem ficar sós,
antes que a Igreja as una numa só.

Saem

3º ATO

UMA PRAÇA PÚBLICA

Benvólio: Meu caro Mercúcio, vamos embora;
faz calor e os Capuletos estão fora.
Se a gente se encontrar, vai haver rolo:
este calor é mau para o miolo...
Mercúcio: Você se parece com esses caras que, quando entram numa taverna, estrondam a espada na mesa, dizendo: "Que Deus não me faça precisar de você" — e logo no segundo copo já estão sacando da arma para ameaçar o garção, sem necessidade ou razão.
Benvólio: Você acha que eu sou igual?
Mercúcio: Ora, você está entre os mais esquentados desta terra da Itália, tão inclinado ao mau humor quanto mal-humorado nas inclinações.
Benvólio: Mais alguma coisa?
Mercúcio: Nada mais — só que, se houvesse dois iguais, logo não haveria nenhum, pois que um daria cabo do outro. Logo você, que é capaz de brigar com um sujeito só porque ele tem um fio a mais, ou a menos, de barba; ou então porque é dos que comem castanhas e você tem os olhos da mesma cor — e que outros olhos, senão os seus, haveriam de achar razões de briga como essas? Sua cabeça está mais cheia de brigas do que um ovo cheio de galos — e é por isso que você tem levado mais na cabeça do que um ovo. Eu já vi você brigar com um cara só porque ele estava tossindo na rua, e com um outro porque acordou o seu cachorro que

pegava um solzinho. E você não quis sair pro pau com aquele alfaiate, só porque ele estava de casaca nova antes da Páscoa? E com aquele outro, só porque amarrava os sapatos novos com um barbante velho? E você ainda vem me falar para não criar caso?

Benvólio: Se eu fosse brigão como você, podia apostar com qualquer um o cacife inteiro da minha vida contra cem minutos de vida.

Mercúcio: O cacife!... O patife!...

Benvólio: Pela fé dos meus olhos, aí vêm os Capuletos!

Mercúcio: Pelo fedor dos meus calos, não ligo a mínima.

Entram Tebaldo e outros

Tebaldo: Fiquem por perto, vou falar com eles.
— Bom dia. Uma palavra com um dos senhores.

Mercúcio: Um par não vai melhor — uma palavra e um golpe?

Tebaldo: Também sei fazer isso, é só me dar a chance.

Mercúcio: E chance é só de dar — não de tomar?

Tebaldo: Você está concertado com Romeu...

Mercúcio: Concertado? Você acha que somos menestréis? Se acha, não vai ouvir acordes, nem acordos, mas dissonâncias: aqui está o meu violino, (*Bate na espada*) que pode fazê-lo dançar.

Benvólio: Aqui é um lugar público, há muita gente;
vamos sair para um lugar discreto
e discutir com calma as diferenças
— ou cada qual vai pro seu lado: estão olhando.

Mercúcio: Pois que olhem: os olhos são pra olhar.

Tebaldo: Fiquem em paz, meu homem vem aí.

Mercúcio: Se ele usar a sua libré, quero ir para o inferno:
desça pra arena e ele o seguirá
— e aí você vai ver quem é "meu homem".

Entra Romeu

Tebaldo: Romeu, eu lhe devoto tanta estima,
que não tenho senão uma expressão: *canalha*.
Romeu: Tenho minhas razões para estimá-lo,
Tebaldo, e é só por isso que eu desculpo
por me receber assim — pois canalha não sou.
Por isso, passe bem: você não me conhece.
Tebaldo: Garoto, não queira apagar as calúnias
que você me assacou. Vire-se e saque!
Romeu: Isso não é verdade, eu nunca o ofendi.
Gosto mais de você do que você imagina.
Quando você souber dos meus motivos,
você vai entender. Meu caro Capuleto,
seu nome é igual ao meu: dê-se por satisfeito.
Mercúcio: Que afinação, que covardia vergonhosa!
Só uma estocada apaga este vexame.
Senhor Tebaldo mata-ratos, já vai indo?
Tebaldo: Mas o que é que você quer de mim?
Mercúcio: Meu caro rei dos gatos, só uma de suas sete vidas, para
que eu sinta mais coragem e possa malhar as outras seis, se
você não agir direitinho. Você ouviu bem? Não vai sacar a
espada pela orelha, antes que a minha faça um furo nela?
Tebaldo: Então, é comigo mesmo. (*Saca*)
Romeu: Meu amigo Mercúcio, embainhe essa espada!
Mercúcio: Venha, meu caro senhor, com seu *passado*!...

Duelam

Romeu: Benvólio, aparte, abata as suas armas.
Senhores, por favor, evitem o vexame.
Tebaldo! Mercúcio! É uma ordem do príncipe...
São proibidos os duelos em Verona!...
Parem!... Tebaldo!... Mercúcio!...

Saem Tebaldo e seguidores

Mercúcio: Estou ferido.

Pro inferno as suas famílias! E ele se foi, sem nada?
Benvólio: Como assim, ferido?
Mercúcio: Foi só um arranhão, mas o bastante.
E o meu pajem? Malandro, atrás de um cirurgião.

Sai pajem

Romeu: Força, não pode ser assim tão grave.
Mercúcio: De fato, não é fundo como um poço, nem largo como uma porta de igreja, mas dá pro gasto; amanhã, não falo mais: estarei encerrado num silêncio sepulcral. Já estou curtido e temperado. Maldição sobre as suas casas! Droga! Um cão, um rato, um camundongo, um gato acertar um homem deste jeito! Um fanfarrão, um pilantra, um vilão, que esgrime conforme a cartilha. — Por que diabo você se meteu entre nós? — Fui ferido sob o seu braço.
Romeu: Foi com a melhor das intenções.
Mercúcio: Vou desmaiar, Benvólio — Malditas famílias!
Malditos todos! Tirem-me daqui...
Virei pasto de vermes — Miseráveis!
Desta vez me acertaram pra valer.

Saem Mercúcio e Benvólio

Romeu: Este rapaz, parente próximo do príncipe,
amigo meu, tomou este golpe mortal
por minha causa — e eu não tenho mais cara
depois da humilhação diante de Tebaldo,
meu primo há uma hora — Ah, Julieta,
a sua beleza me tornou efeminado
e amoleceu a têmpera do meu valor.

Volta Benvólio

Benvólio: Romeu, Romeu, morreu nosso Mercúcio!

Seu espírito respira o ar das nuvens,
precocemente desdenhando a terra.
Romeu: Negro destino, negros dias de um negro dia:
outros completarão o que este inicia.

Volta Tebaldo

Benvólio: Aí vem Tebaldo espumando outra vez.
Romeu: Foi-se o bravo Mercúcio — e esse vem triunfante.
Volte pro céu, prudente reverência:
que o olhar da fúria dirija os meus gestos.
Agora, Tebaldo, engula o "canalha"
que há pouco me emprestou; a alma de Mercúcio
que está aqui em cima de nossas cabeças,
esperando pela companhia da sua:
você, ou eu, ou ambos, temos de ir com ele.
Tebaldo: Moleque infeliz, que tocava com ele,
acompanhe-o de novo.
Romeu: Isto canta mais alto.

Duelam; Tebaldo cai

Benvólio: Fuja, Romeu; os cidadãos se exaltam.
Tebaldo está morto — Não fique aí parado.
O príncipe vai condená-lo à morte
se você for pego — Fuja daqui, depressa!
Romeu: Virei joguete do destino.
Benvólio: Mas o que espera?

Sai Romeu; entram cidadãos etc.

Cidadão: Para onde ele correu, o que matou Mercúcio?
Para onde foi Tebaldo, o assassino?
Benvólio: Ali está Tebaldo.
Cidadão: Você está detido:
eu o intimo em nome do meu príncipe.

Entram o príncipe e comitiva; Montéquio, Capuleto e senhoras; e outros

Príncipe: Quem deu início a esta briga estúpida?
Benvólio: Príncipe, posso contar como foi
que aconteceu esta fatal disputa.
Ali está Tebaldo, que matou Mercúcio
e que Romeu matou, em conseqüência.
Sra. Capuleto: Ai, Tebaldo, filho do meu irmão!
Ó, príncipe! — Ai, meu marido! — Sangue
do meu sobrinho no chão! — Príncipe,
o pagamento é o sangue de um Montéquio!
Príncipe: Então, Benvólio, como começou?
Benvólio: Romeu matou Tebaldo, que aqui jaz.
Romeu foi bem cortês e ponderou
como a rixa era boba, incorrendo na ira
de Sua Alteza — e tudo isso calmo,
com voz pausada e até meio inclinado.
Mas nada disso demove Tebaldo:
este dirige o aço ao peito de Mercúcio,
que furioso devolve golpe a golpe:
com solene desprezo, a mão esquerda
desvia a morte, enquanto a outra
a devolve a Tebaldo, com igual
destreza — Já Romeu, bem alto, exclama:
"Parem com isso! Apartem!" E, mais rápido
que a língua, com o braço intervém;
mas um golpe traiçoeiro de Tebaldo
pega Mercúcio sob o braço de Romeu.
Tebaldo foge, mas Romeu jura vingança.
O outro volta à sua procura e a luta
se trava como um raio — e antes que eu
possa apartá-la, Tebaldo tomba morto.
Romeu, por sua vez, então, fugiu.
Pelo meu nome, aí está a verdade.

Sra. Capuleto: Benvólio é um parente dos Montéquios:
  o sentimento torce o seu discurso;
  mais de vinte travaram esta luta
  e o fim foi só uma vida como saldo:
  Romeu deve morrer — matou Tebaldo.
Príncipe: Romeu matou Tebaldo... E Mercúcio?
  Quem paga o preço desse caro sangue?
Montéquio: Romeu, não — era amigo de Mercúcio
  e ele não fez mais que antecipar-se
  à sentença da lei.
Príncipe: Para esse crime,
  a pena é o desterro: nada o redime.
  Vocês me devem juros no processo
  que derramou sangue dos meus no seu excesso.
  Vai ser tão alto o montante das custas,
  que hão de clamar aos céus pelas penas injustas.
  Eu serei surdo a rogos e desculpas:
  choros e súplicas não pagam culpas.
  Não insistam: Romeu está exilado:
  dentro dos muros, seu tempo está contado.
  Levem esse corpo. E cumpram meu edito:
  a clemência é assassina se absolve o delito.

CENA 2

UM QUARTO NA CASA CAPULETO

Entra Julieta

Julieta: Rápido, cascos de fogo do sol,
  para o crepúsculo! Um bom bridão
  logo levava o sol em sua carreira,
  fazendo a boa noite do meu dia!
  A noite havia de vir com suas nuvens
  — cortinas para a minha noite-noiva —
  vedando os olhos dos curiosos — e Romeu

no meu abraço, invisível e indizível!
Os amantes enxergam os seus ritos
por sua beleza: se o amor é cego,
a noite lhes vai bem: venha, discreta,
matrona séria em seu vestido crepe
e me ensine a perder um jogo ganho,
jogado por um par de virgindades;
encubra o rubro que pulsa no meu rosto,
com sua mantilha escura, até que o acanho
de amar ganhe coragem, ganhe audácia,
sem perder a pureza de cada ato.
Acabe, noite! Venha, Romeu, meu dia à noite!
Voando nas asas da noite, neve
no dorso de um corvo — Romeu!
Noite amorosa de cabeça negra,
dê-me, me dê o meu Romeu! Se ele
morrer, um dia, faça-o em pedacinhos
de estrelas — e todo o mundo vai amar a noite,
negligenciando adorar o sol!
Ai, eu comprei uma mansão de amor,
mas não posso morar nela: só comprada:
sou apenas namorada e não morada.
Este dia aborrece como a véspera
de uma noite de festa para uma criança
que ganhou roupa nova, mas não pode usá-la.
— Aí vem a minha ama com notícias:
quem fala de Romeu fala do céu.

Entra a ama, com as cordas

E as novidades, ama?... E essas cordas?
Foi Romeu que mandou?
Ama: Meu Deus, as cordas.

Joga-as no chão

Julieta: O que é isso?... Torcendo as mãos, por quê?
Ama: Ai, que tragédia! Ele está morto, morto!
    Deu tudo errado! Estamos perdidas!
    Mas que desgraça! Ele foi morto, morto!
Julieta: Pode o céu ser tão duro?
Ama: Romeu pode,
    embora o céu não possa. Ai, Romeu!
    Quem poderia imaginar? Romeu!
Julieta: Você é o diabo pra me atormentar?
    Isso é tortura para os condenados.
    Romeu se matou? Diga *sim* e *mim*
    — e a diferença morta sou eu mesma.
    O basilisco tem o olhar envenenado
    como esse *sim e mim*, se houver um sim assim,
    — e, para onde eu olho, o "onde" me diz — *fim*.
    Se ele morreu, diga *eu*; se não, *não*!
    Sons breves se assemelham: *sorte* e *morte*.
Ama: Eu vi o ferimento, eu vi, eu vi
    — pelo sinal! — no meio do seu peito!
    Lastimável cadáver! Sangrento defunto!
    Parecia cera colorida em sangue
    — sangue coalhado! Eu quase desmaiei!
Julieta: Meu caro coração, você faliu!
    Olhos — já pra prisão! Liberdade
    não é para vocês: descansem no pó
    com o pó de Romeu: não pesam muito mais!
Ama: Tebaldo! Tebaldo! Meu amigo!
    Um cavalheiro tão honesto e bom!
    Como viver depois de vê-lo morto?
Julieta: Mas que loucura da loucura é esta?
    Romeu assassinado — e Tebaldo foi morto?
    Um primo querido — e o amado senhor?
    É o Juízo Final! Soem trombetas!
    Se eles morreram, quem *mais* pode estar vivo?
Ama: Tebaldo se foi e Romeu foi banido:
    Romeu, o assassino — desterrado!

Julieta: Como? Meu Deus! Romeu matou Tebaldo?
Ama: Matou! Manchou as mãos no sangue de Tebaldo!
Julieta: Coração de serpente em rosto de inocência!
  Em tão bela caverna habita esse dragão?
  Lindo tirano! Monstro angelical!
  Abutre-pomba! Lobo pastoral!
  Recheio podre de aparência divinal!
  O oposto exato do que demonstrava:
  um honrado patife, um santo condenado.
  Natureza, que vai você fazer no inferno?
  Rezar? Meteu o espírito de um monstro
  na carne-paraíso de um mortal!
  Já houve livro tão imundo, em capa
  tão bonita? Perversidade assim
  em tal cidade!
Ama: Não se pode confiar
  na boa-fé dos homens: são todos hipócritas,
  malvados, falsos, mentirosos, desonestos.
  — Onde está o meu homem? Um pouco de *acqua vitae*!
  Estas mágoas me envelhecem mais depressa...
  Que a infâmia caia sobre o nome de Romeu!
Julieta: Que essa praga queime a sua língua!
  Romeu não nasceu para passar vergonha,
  — que tem vergonha de pousar em sua cabeça,
  que é trono da Rainha Honra Universal!
  Como pude insultá-lo? Eu fui um monstro!
Ama: E como falar bem de quem matou seu primo?
Julieta: E como falar mal de quem é meu marido?
  Pobre marido! Quem vai limpar seu nome,
  se eu o sujo — eu, há pouco, sua mulher?
  Por que, Romeu cruel, matou meu primo
  — Ou ia matá-lo, aquele primo miserável?
  Voltem, lágrimas tontas, à fonte de origem.
  Vocês são tributárias da desgraça,
  mas, por engano, correm por prazer:
  meu esposo está vivo! Tebaldo quis matá-lo,

mas está morto. Por que chorar, então?
Mas acho que escutei algo pior
do que a morte do primo — e me arrasou!
O que foi mesmo? Eu gostaria de esquecer.
Mas a lembrança força a entrada da memória,
como um ato culpado no olhar de um pecador.
Tebaldo está morto e Romeu... desterrado...
Desterrado! Esta a palavra assassina
de dez mil Tebaldos! Uma só já bastava,
se ficasse por aí — mas, se a desgraça
nunca vem só, por que não ir adiante?
Tivessem dito: "Seu pai, sua mãe também
morreram" — e eu não teria razão geral de dor.
Mas "Tebaldo morreu" e "Romeu foi exilado"
é o mesmo que matar a todos: Julieta,
seu pai, sua mãe, Romeu — e mais Tebaldo!
Exílio! O território de morte desse termo
não tem termo, nem fim, nenhum outro
o iguala. Ama, onde estão meus pais?
Ama: Chorando e lamentando a morte de Tebaldo.
Você quer vê-los? Eu a levo lá.
Julieta: Lavam com suas lágrimas o ferimento?
Quando secarem, chorarei meu sofrimento.
Apanhe as cordas, pobres cordas enganadas
junto comigo, pois minha alma está exilada.
Era um caminho para a minha cama,
mas vou morrer viúva e virgem. Ama,
venha comigo até meu leito nupcial:
o senhor Morte virá me deflorar.
Ama: Corra ao seu quarto, eu vou achar Romeu,
pra consolá-lo. Acho que sei onde ele está,
e há de vir ao seu encontro nesta noite:
é quase certo que está com frei Lourenço.
Julieta: Ache-o, ache-o! Dê-lhe este anel: ele é meu
cavaleiro — e não vai faltar o adeus!

171

Saem

CENA 3

CELA DE FREI LOURENÇO

Entra frei Lourenço

Lourenço: Entre, Romeu de todas as desgraças:
a desventura gosta dos seus dons
e vai casá-lo com a calamidade.
Romeu: Quais as notícias, padre? Qual a sentença?
Que outra miséria quer cumprimentar-me,
como pessoa desconhecida?
Lourenço: Íntimo
você se mostra dessa triste companhia.
O príncipe tomou sua decisão.
Romeu: Será pior que o Dia do Juízo?
Lourenço: Não parece severa a sua sentença:
em lugar do seu enterro — um desterro.
Romeu: O exílio?! Seja bondoso e diga: a morte!
O exílio tem a cara mais horrenda
do que a cara da morte! Por favor,
não fale essa palavra.
Lourenço: Você está expulso
de Verona. O mundo é grande, paciência.
Romeu: Mundo não há além do muro de Verona.
Só vejo purgatório e inferno — e só tortura.
Sair daqui é o mesmo que sair do mundo
— e sair deste mundo é a morte. O exílio
é um outro nome para a morte: assim,
com outro nome, com cutelo de ouro,
a morte decepa a minha cabeça
— sorrindo do golpe que acaba comigo!
Lourenço: Pecado mortal, tamanha ingratidão.
Assassinato, diz a lei; mas, o bondoso

        príncipe, inclinando-se ao seu favor,
        meio que esquece a lei e faz, da morte, exílio.
        Mas você não enxerga a clemência do príncipe.
Romeu: Tortura, não clemência — o céu é aqui!
        Aqui vive Julieta: cão, ou gato,
        ou rato, ou qualquer coisa indigna poderia
        viver aqui no céu e olhar pra ela:
        Romeu não pode! Muito mais valor,
        mais posição honrosa e cortesia
        goza uma mosca de carniça — mas Romeu
        não pode segurar a maravilha branca
        da mão de Julieta — e muito menos
        receber de sua boca a bênção imortal.
        E são tão inocentes esses lábios,
        que eles ficam vermelhos, só de um
        beijar o outro! Mas qualquer inseto
        sujo pode beijá-los — só Romeu não pode!
        Exílio não é morte, ousa o senhor dizer?
        Não pode me arranjar um elixir,
        uma faca aguçada, ou outro meio rápido,
        menos infame do que falar *exílio*?
        Gritam, de horror, essa palavra, os condenados
        do inferno: nem querem ouvi-la — e o senhor
        tem a coragem de matar-me assim?
        Com "banido" e "exilado" e "desterrado"
        — o senhor, meu mentor, emissário de Deus,
        pai espiritual e amigo confessor?!
Lourenço: Apaixonado, louco, escute um pouco...
Romeu: Vai falar de desterro, novamente!?
Lourenço: Mas contra isso, eu tenho uma defesa,
        o doce leite contra os golpes rudes
        da vida: embora desterrado da cidade,
        beba o consolo da filosofia!
Romeu: *Banido*! — outra vez? Dane-se a filosofia!
        Se ela produzir uma Julieta
        ou transportar uma cidade, ou se um príncipe,

graças a ela, reformar sua sentença,
— então sim. Do contrário, que adianta ela,
que não manda, nem faz: não fale mais!
Lourenço: Por aí se percebe que os loucos são moucos.
Romeu: E como ouvir, se os sábios não têm lábios?
Lourenço: Vamos considerar a sua situação.
Romeu: Quem não sente não pode aconselhar.
Se o senhor fosse moço como eu
e se Julieta fosse a sua namorada
— e esposa, há poucas horas — e seu primo
assassinado — e eu, apaixonado —
— e desterrado — então, podia falar
— arrancando os cabelos, rolando no chão,
como a medir a própria cova — como eu!

Batem à porta

Lourenço: Levante-se — estão batendo: esconda-se!
Romeu: Eu, não! Só se os gemidos que vêm do coração
como névoa me esconderem dos olhares.

Batem

Lourenço: Escute! Como batem! Quem é? — Erga-se!

Batem

Corra ao estúdio! Calma! — Já vou indo!
Mas que loucura, meu Deus! — Já vou, já vou!...

Batem

Quem bate assim? Quem é você? Que quer você?
Ama (*De dentro*): Deixe-me entrar e saberá de mim.
É da senhora Julieta.
Lourenço: Ah, bom!...

Entra a ama

Ama: Oh, santo padre, por favor, me diga:
    E o senhor da minha dama — e Romeu?
Lourenço: Ali, no chão, um bêbado de lágrimas.
Ama: É muito parecido — igual a ela!
    A mesma coisa!
Lourenço: Solidariedade
    maldosa! Triste situação!
Ama: Ela chora e lamenta, lamenta e lastima!...
    Que é isso? Levante, seja homem,
    pelo amor de Julieta — erga a cabeça!
    Por que mergulhar em "óós" tão profundos?
Romeu: Ama!
Ama: Meu senhor, a morte é o fim!
Romeu: Está falando de Julieta? E ela?
    Ela pensa que eu sou um assassino?
    Um velhaco assassino, que manchou a infância
    da nossa alegria com sangue igual ao seu?
    Onde está? Como está? O que diz
    minha dama secreta — ausente por decreto?
Ama: Não diz nada, senhor: só chora e chama;
    atira-se na cama, se levanta,
    grita "Tebaldo!" — e o nome de Romeu...;
    torna a jogar-se.
Romeu: Como se este nome
    fosse um tiro de canhão que a matasse.
    Maldita mão de um nome maldito! Padre,
    em que pedaço vil da minha anatomia
    se aloja o meu nome? Diga, que eu saqueio
    essa mansão odiosa.

Saca o punhal

Lourenço: Pare com isso!

Você é homem — ou é só aparência?
Lágrimas de mulher! Gestos selvagens
e irracionais da fúria dos animais!
Mulher suspeita em homem insuspeito!
— Ou animal feroz em um e só defeito!
Você me surpreende. Por meu hábito,
eu nunca imaginei um gênio desses!
Você matou Tebaldo, e agora quer matar-se
— e matar a mulher que vive com sua vida?
Envergonhando sua vida com a morte?
Por que xingar o berço, o céu e a terra,
se, num certo momento, todos se encontraram
em você? E você quer desfazê-los?
Ora, vamos, você envergonha o amor,
o corpo e a inteligência — é um agiota:
rico nos três, não usa nada em algo digno,
que honre o corpo, o amor e a inteligência.
Sua beleza é uma estátua de cera,
que só arremeda a figura de um homem;
suas juras de amor são um perjúrio oco,
que mata o amor de sua veneração.
A inteligência enfeita o amor e o corpo,
mas, deformada pelo agir de ambos,
é como a pólvora no polvarinho
de um soldado bisonho, que põe fogo
justamente naquilo que era a sua defesa.
Ânimo, homem! Julieta está viva
— ela por quem você já ia morrer —.
Levante as mãos pro céu: Tebaldo ia matá-lo,
você matou Tebaldo: não lamente a sorte:
a lei, antes contrária, agora é sua amiga:
agora é exílio o que antes era morte.
Você carrega um fardo de venturas:
a felicidade, em suas mais belas roupas,
quer atrair você — mas você a repele,
como um garoto chato e malcriado,

que mostra a língua ao generoso amor.
Quem assim age sempre acaba mal.
Por isso, atenda às proclamas de Deus:
Procure o seu amor, vá ao seu quarto — e ame!
Mas, atenção ao toque da alvorada,
que é o sinal de sua partida para Mântua
— e fique lá, até que o tempo e a sorte
consagrem alianças, refaçam amizades,
levem o príncipe ao perdão, tragam você
de volta — vinte mil vezes mais feliz
do que as vezes que se disse desgraçado!
Vá antes, ama, cumprimente a dama,
que deve insinuar que todos durmam cedo
— coisa mais fácil com a dor reinante.
Romeu irá em seguida.
Ama: Minha nossa!
Passar a noite inteira na instrução!
— O senhor vai!... Eu vou dizer a ela.
Romeu: E que estou aberto à sua repreensão.
Ama: Aqui, o anel que ela mandou lhe dar.
Depressa, por favor, está ficando tarde.

Sai a ama

Romeu: Graças a isso, eu tenho novo ânimo!
Lourenço: Agora, vá. Boa noite. E não se esqueça:
ou você parte antes que a guarda assuma,
ou saia disfarçado ao despertar do dia.
Aguarde em Mântua; manterei contato
com seu ajudante: ele vai informá-lo
das boas novas que se derem por aqui.
Um aperto de mão. É tarde: boa noite.
Romeu: Se uma alegria maior não me chamasse agora,
eu ficaria bem triste de ir embora.
Adeus.

Saem

CENA 4

UMA SALA NA CASA CAPULETO

Entram sr. e sra. Capuleto e Páris

Capuleto: As coisas se precipitaram — e tão mal —
que nem tivemos tempo de falar com ela.
Ela gostava tanto de Tebaldo!
E nós também — Veja você — Fazer o quê?
É muito tarde, ela não vai descer.
Não fosse pela sua companhia,
e já estaríamos na cama, caro Páris.
Páris: Tempos de morte não são tempos de côrte:
Minha senhora, recomende-me à sua filha.
Senhora: Sem falta. De manhã, falo com ela,
pois hoje está fechada em sua tristeza.
Capuleto: Meu caro Páris, posso adiantar,
em confiança, uma resposta positiva:
há de seguir minha vontade, estou seguro.
Mulher, vá até lá, antes de recolher-se,
fale do amor deste meu filho Páris
e comunique que na quarta-feira próxima...
— Espere! Que dia é hoje?
Páris: Segunda,
caro senhor.
Capuleto: Acho que é muito cedo.
Então, na quinta!... Diga a ela que, na quinta,
ela vai se casar com este nobre conde.
Você está preparado — ou é cedo demais?
Nada de muita festa! Apenas uns amigos.
Que não pareça falta de respeito
ao nome de Tebaldo, morto há pouco,
e que tão grande estima merecia de nós.

Vamos dizer, meia dúzia de amigos,
pronto! Quinta está bem para você?
Páris: Ah, se amanhã já fosse quinta, meu senhor!
Capuleto: Fica marcado. Será melhor partir.
— Fale com Julieta, antes que vá pra cama;
prepare-a, mulher, para o seu grande dia.
— Até a vista, senhor. — Iluminem meu quarto!
Nossa! Já é tão tarde, que se pode
dizer que já é cedo! Boa noite.

Sai

CENA 5

QUARTO DE JULIETA

Entram Romeu e Julieta

Julieta: Você já tem que ir? O dia ainda demora.
Não foi a cotovia, foi o rouxinol
que perfurou o seu ouvido temeroso.
Ele costuma cantar na romãzeira:
foi ele que cantou, foi sim, amor.
Romeu: É a cotovia que anuncia o dia,
não é o rouxinol. Estrias invejosas
bordejam as nuvens do nascente.
Foram-se as tochas da noite; o dia alegre
já espanta a neblina do alto da colina.
Posso ir e viver — ou ficar e morrer.
Julieta: Aquela luz ainda não é o aviso.
Acho que é o sol que manda um meteoro
pra clarear seus passos para Mântua.
Fique um pouquinho mais: partir não é preciso.
Romeu: Que eu seja preso nos seus braços, eu imploro
— e juro que é um prazer morrer assim.
De fato, eu nunca vi aurora cor de cinza,
e acho que o dia se vestiu de lua.

Cotovia nenhuma deu a nota
para que o sol cantasse em nosso quarto:
Julieta é quem decide se eu fico ou parto.
Eu só quero ficar, morte bem-vinda!
Amor, podemos conversar, é noite ainda.
Julieta: Não é, não é! O dia raia! Saia
daqui, agora, meu amor! Embora
cantasse, a cotovia é tão desafinada
que confundiu compasso em doces barras,
pra nunca separar nós dois: o sapo
— dizem — já teve os olhos dela; por que não
a voz? É erro, engano, bruxaria:
finge que é noite, mas, de fato, é dia.
A nossa despedida é um "despedia"!...
Romeu: Mais nus e claros vão ficar os nossos males!

Entra a ama

Ama: Senhora!
Julieta: Ama?
Ama: A sua mãe vem vindo;
tome cuidado, é dia claro: não descuide!

Sai a ama

Julieta: Janela, venha o dia e saia a vida!
Romeu: Adeus, adeus! Só mais um beijo e eu vou!

Romeu desce

Julieta: É assim que você vai, amor, amigo?
Quero saber de você de hora em hora,
curtindo mil minutos numa hora!
Correndo assim, eu já não serei eu,
quando tornar a ver o meu Romeu!
Romeu: Adeus! Não vou perder nenhuma chance
de lhe enviar notícias minhas, meu amor.

Julieta: Ai, você acha que nos vamos ver de novo?
Romeu: Não tenho dúvidas: os males de hoje
   serão conversas doces de amanhã.
Julieta: Inclina-se a minha alma aos maus presságios.
   Meu Deus! Vejo você aí embaixo,
   como um defunto no fundo de uma cova.
   Você está pálido, ou não vejo bem?
Romeu: Você também, amor, aos olhos meus:
   é a tristeza no sangue. E agora — adeus!

Sai Romeu

Julieta: A sorte é infiel — é o que dizem.
   Se for assim, que vai você fazer com ele,
   o meu Romeu, exemplo de constância?
   Seja volúvel, sorte, e deixe-o para mim.
Senhora (*De fora*): Você está acordada, minha filha?
Julieta: Quem é? É a senhora, minha mãe?
   Ainda vai dormir ou já se levantou?
   O que é que a traz aqui numa hora destas?

Entra sra. Capuleto

Senhora: Então, filhinha?
Julieta: Mãe, não estou bem.
Senhora: Ainda chorando pela morte dele?
   Um corpo morto não se lava em pranto,
   nem, com seu choro, vai ressuscitar.
   Convém parar, agora: a dor é estima,
   mas dor demais é falta de juízo.
Julieta: Mas deixe-me chorar por esta perda.
Senhora: Lamente a perda, não lamente o amigo
   que perdeu.
Julieta: Mas, sentindo tanto a perda,
   não deixarei de lamentar o amigo.

Senhora: Chore antes a vida do assassino
    do que a morte do assassinado.
Julieta: Que assassino, senhora?
Senhora: O infame Romeu.
Julieta: Que a infâmia e ele estejam à distância.
    Deus o perdoe! Por mais que me magoe,
    de coração, é isto que desejo.
Senhora: Sim, o assassino traidor ainda vive.
Julieta: Se eu pudesse, com minhas próprias mãos,
    iria vingar a morte do meu primo!
Senhora: Não tenha medo, nós nos vingaremos.
    Não chore mais. A Mântua, vai alguém
    à sua procura, para ministrar-lhe
    um veneno tão forte que, no ato,
    há de seguir os passos de Tebaldo.
    Você há de sentir-se satisfeita.
Julieta: Não, mãe, eu nunca estarei satisfeita,
    se não o vir à minha frente: morto,
    até lá, estará meu coração.
    Quando você encontrar o mensageiro
    para o veneno, deixe que eu prepare:
    assim que prove uma simples gota,
    há de dormir em paz. Meu Deus, que raiva! —
    ouvir o nome e não chegar ao dono,
    para afogar o amor pelo meu primo
    no corpo que o matou e que fugiu!
Senhora: Encontre os meios, que acharei o homem.
    Mas vamos conversar de coisas boas.
Julieta: É mais que tempo de eu ter alegria.
    Quais são as boas novas, minha mãe?
Senhora: Julieta, seu pai zela por você
    e você sabe disso. Para tirá-la
    do pesadelo, imaginou um dia
    com o qual nem podíamos sonhar.
Julieta: Que dia será esse, minha mãe?
Senhora: O dia do casamento, minha filha!

> Na quinta-feira, o jovem e galante
> conde Páris, na igreja de São Pedro,
> irá torná-la a mais feliz das noivas!

Julieta: Mas, por São Pedro e pela sua igreja,
não posso, desse modo, ser feliz.
Que pressa é essa? Onde se viu casar
com um rapaz que nem me cortejou?
Ah, minha mãe, diga ao senhor meu pai
que ainda é cedo pra casar. Prefiro
casar-me com Romeu, que tanto odeio,
do que com Páris! Que notícias boas!

Senhora: O seu pai vem aí. Diga você
e veja qual vai ser sua reação.

Entram Capuleto e ama

Capuleto: Ao pôr-do-sol, orvalha sobre a terra,
mas, ao crepúsculo do primo — chove!
Mais parece uma calha, uma goteira,
minha filha... chorando sem parar!
Seu corpo virou barco, mar e vento
ao mesmo tempo: os olhos são o mar
com sua maré de prantos; os suspiros
são vento forte misturado a lágrimas,
que pode dar no fundo o frágil corpo,
se não houver bonança na borrasca!
Então, mulher, você já lhe falou?

Senhora: Ela agradece, meu senhor: não quer
casar-se. Antes casasse com seu túmulo!

Capuleto: Como? Entendi bem? Não acompanho,
mulher, o seu discurso. Ela agradece
— mas não a nós, a ingrata — as muitas bênçãos
que significam em sua cabeça indigna
um casamento com tão nobre noivo?!

Julieta: Honrada, não; agradecida, sim.

Não posso honrar-me de algo que detesto,
mas "obrigada" eu digo a um ódio-amor.
Capuleto: Que história é essa, vamos, ó filósofa?
"Honra" — "não-honra"; "brigada" — "obrigada"!...
Fique sabendo, gentil senhorita,
quer agradeça ou não, quer sinta orgulho
ou não: vá ensebando os seus gambitos
pra caminhar até o altar da igreja
de São Pedro, com o seu noivo Páris,
— ou eu a arrastarei pelos cabelos,
numa carroça sem rodas! Carniça
verde, cara de pau, biscate à-toa!
Senhora: Ora, não fale assim! Você está louco?
Julieta: Ouça, meu pai: suplico de joelhos.
Tenha paciência... uma palavra só!
Capuleto: Destronco o seu pescoço, sua galinha!
Rebelde...zinha! Ou você vai à igreja,
ou não me olhe mais na minha cara!
Não fale, não conteste, não responda:
eu sinto comichão nos dedos. Deus,
quanto o louvamos só por esta filha
— mas esta, que era única, é demais!
Suma da minha frente, vagabunda!
Ama: Que Deus do céu a salve, meu senhor:
não é justo tratá-la desse modo.
Capuleto: Não diga, sua Sabona: trave a língua
e vomite sabença nas fofocas!
Ama: Eu não falo por mal.
Capuleto: Vá para o inferno!
Senhora: Calma, senhor, mas que nervoso é esse?
Capuleto: Sacramento! Isso me deixa louco.
De dia, de noite, no lazer, no ofício,
só ou com gente, todo o meu cuidado
só foi casá-la bem — e assim que arranjo
um cavalheiro da mais nobre estirpe,

rico, educado, jovem — bom partido
para as mais exigentes — ponderado —
me vem essa chorona resmungona:
— "Não caso" — "Não quero" — "Não gosto" — "Sou
[moça".
Não quer casar? Vai ver o meu perdão:
pode pastar — mas, neste teto, não!
Preste atenção, estou falando sério:
Quinta está aí — ponha a mão na consciência:
Você é minha — e eu dou ao meu amigo,
ou então morra, atole, esmole, role:
você é um nada e nada eu vou lhe dar:
pense bem nisso, antes de falar.

Sai

Julieta: Quem sabe há piedade além das nuvens
para entender o fundo do meu mal?
Não me deixe, mãezinha, não me deixe!
Prorrogue o casamento por um mês
— ou troque aquele altar por um jazigo,
na tenebrosa paz do meu amigo.
Senhora: Nada tenho a dizer, não fale mais:
não ouço mais: fartei-me dos seus ais.

Sai

Julieta: *Ai-ai* é não! Não há como impedir?
Um marido na terra e uma crença no céu.
Como fazer que a fé desça até nós,
se o meu amor não for o mensageiro
— mas anjo-mensageiro desta terra?
Aì, minha ama, fale-me, aconselhe-me!
Podem os céus urdir tramas assim,
contra os desejos simples de quem ama?

  Diga o que você acha — uma palavra
  boa, alguma idéia animadora.
Ama: Eu acho
  que o seu Romeu não volta nunca mais
  — aposto — a não ser às escondidas.
  Estando as coisas neste pé, casar-se
  com o conde Páris é o melhor partido.
  Que cavalheiro amável! Perto dele,
  Romeu é um trapo! Aqueles olhos verdes,
  nem uma águia tem — meu Deus, que olhar!
  Que eu caia morta se o casório novo
  não for melhor do que o primeiro — que
  já morreu — ou já viveu — é a mesma coisa.
Julieta: É essa a sua idéia, de verdade?
Ama: Juro que é — ou que Deus me castigue.
Julieta: Amém!
Ama: Como?
Julieta: Você me ajudou muito. Pode ir.
  E diga à minha mãe que, desgostosa
  com o que fiz ao pai, fui procurar
  conforto em confissão. Que frei Lourenço
  possa me conceder absolvição.
Ama: Que bom, que bom! Que sábia decisão!

               Sai

Julieta: Monstro danado, megera infernal!
  Levar-me à traição é bem mais grave
  do que manchar o nome de quem sempre
  a teve em bom conceito — e a quem ela
  tantas vezes louvou. Vá, conselheira:
  entre nós duas, agora, só ruptura.
  Vou procurar o padre e sua receita:
  se ele falhar, eu mesma sei a cura.

Sai

4º ATO

CENA 1

CELA DE FREI LOURENÇO

Entram frei Lourenço e Páris

Lourenço: Na quinta, senhor? É muito cedo.
Páris: O meu pai Capuleto quer assim
— e não sou eu quem vai dizer que não.
Lourenço: Mas você diz que todavia não sabe
da idéia dela. Não parece injusto?
Páris: Ela chora demais Tebaldo morto
e eu não pude conversar de amor,
pois Vênus não sorri quando se chora.
Faz mal à sua saúde, diz o pai,
e trata de apressar o casamento,
para estancar a inundação de lágrimas.
Sozinha, o sofrimento só se agrava;
em dois, tudo é mais fácil nessa hora
e a dor não se prolonga na demora.
Lourenço (*À parte*): Se eu não soubesse por que prolongar...
— Mas, olhe, ela vem vindo à minha cela.

Entra Julieta

Páris: Feliz encontro este, minha esposa!
Julieta: Bem pode ser, senhor, se acontecer.
Páris: Mas vai acontecer na quinta-feira.
Julieta: O que tiver que ser será.
Lourenço: Bem dito!
Páris: Mas você veio para confessar?
Julieta: Seria confissão... se eu respondesse.

Páris: Porém, não negue a ele que me ama.
Julieta: Mas confesso a você que gosto dele.
Páris: Assim espero — como ama a mim!
Julieta: Se for assim, terá maior valor
a confissão, que face a face.
Páris: Pobre
face essa, marcada pelas lágrimas!
Julieta: As lágrimas não têm grande valor,
pois eu já tinha marcas antes delas.
Páris: Com isso, você a marca mais que as lágrimas.
Julieta: Não há calúnia onde há verdade:
tudo o que eu disse, eu disse cara a cara.
Páris: Mas o seu rosto é meu! Por que o maltrata?
Julieta: Pode até ser, porque não é o meu.
— Estou ao seu dispor, agora, padre,
ou é melhor voltar depois da missa?
Lourenço: Não, tudo bem, menina preocupada.
— Precisamos, agora, estar a sós.
Páris: Por nada deste mundo hei de impedir
tal contrição! Julieta, quinta-feira,
vou despertá-la. Aceite um beijo casto.

Sai Páris

Julieta: Feche depressa a porta, padre, e chore
comigo: isto é sem cura, ajuda ou esperança.
Lourenço: Estou sabendo do problema, filha
— e ele ultrapassa a minha inteligência.
Ninguém pode impedir que você case
com esse conde, quinta-feira agora.
Julieta: Não diga isso, deve haver um meio.
Se não pode ajudar-me, fale logo:
tenho uma ajuda aqui, na minha faca:
não diga ao meu punhal que é loucura.
Você uniu as mãos e Deus os corações
— e nem pensar que possa a minha mão

firmar outro contrato — e o coração
um outro fato: impeço, tolho, corto,
com este gume, o direito e o torto!
Por isso, padre, em sua experiência,
diga o que fazer: fico esperando
entre a loucura e mim, este punhal e o eu.
Decida, meu juiz, e não se alongue
em meandros gagos da lei e da corte:
da morte, eu tenho a solução e os meios;
da vida, padre, diga os seus receios.
Lourenço: Calma, calma, estou vendo uma saída,
mas ela implica uma vontade firme,
mais firme que o punhal que é a sua crença.
Já que você prefere apunhalar-se
do que casar com o nobre conde Páris,
não haverá de faltar-lhe coragem
de imitar a morte pra afastar a infâmia
— a morte pela morte e para a vida!
Julieta: Ponha-me à prova! Pra não casar com Páris,
diga que eu salte do alto de uma torre,
ou vá por um caminho de emboscadas,
ou pule numa cova de serpentes,
ou me amarre junto a ursos urrantes,
ou tranque-me num túmulo noturno,
onde os ossos dos mortos estralejam,
tíbias mofadas, crânios sem queixadas,
enrodilhada com mortalha nova
— eu o farei, ainda que estremeça
só de pensar do quanto eu tinha medo
— para manter sem mancha o meu amor.
Lourenço: Então, volte pra casa, mostre um rosto alegre,
diga que casa. Amanhã, que é quarta,
fique sozinha no seu quarto, afaste
a ama, pegue esta ampola, deite logo
e beba tudo: vai sentir nas veias
um fluido sonolento e frio, reação

nenhuma pode detê-lo, a pulsação
vai cessar, cessa também o respiro:
o rosto e os lábios vão ficando cinza,
o rosa cede ao roxo, vão caindo
as pálpebras — tal como a morte veda
o dia da vida — e cada parte do seu corpo,
privada do controle do flexível,
vai ficando hirta, dura, fria — morte
aparente da vida inaparente,
que vai durar quarenta e duas horas,
ao fim das quais — um despertar tranqüilo!
E de manhã, assim que o noivo chegue,
para todos os fins, você está morta.
Então, seguindo os ritos da cidade,
em seu melhor vestido, num andor
em cortejo, você vai ser levada
ao jazigo dos nobres Capuletos.
No meio-tempo, antes que desperte,
Romeu será informado por escrito:
estaremos ao seu lado, ao acordar
— e vocês dois podem partir pra Mântua.
Assim, você se livra do vexame,
se algum capricho do destino, ou algum medo
feminino não tirar sua coragem.
Julieta: Me dê, me dê! Não me fale de medo.
Lourenço: Tome e vá logo: seja calma e firme
em seu propósito; um mensageiro
fará um correio rápido pra Mântua.
Julieta: Ao meu amor eu peço a força salvadora.
Adeus, querido padre!

Saem

CENA 2

UMA SALA NA CASA CAPULETO

Entram Capuleto e senhora, ama e criados

Capuleto: Veja os convidados desta lista.

Sai criado

— Você aí, preciso de uns vinte cozinheiros
e dos bons!
Criado: Meu patrão, eu só contrato
quem não faz corpo mole: são aqueles
que sabem lamber as pontas dos dedos.
Capuleto: Que nova prova é essa, que eu não sei?
Criado: Se os dedos da mão mais parecem do pé,
mau cozinheiro é — e eu não contrato.
Capuleto: Está bem, pode ir.

Sai criado

Não seremos bem servidos, desta vez.
Como? A minha filha foi ao frei Lourenço?
Ama: Sim, foi.
Capuleto: Quem sabe ele consegue alguma coisa.
Ô garotinha cabeçuda e petulante!

Entra Julieta

Ama: ...E vem muito feliz da confissão.
Capuleto: Por onde andou batendo perna, sua teimosa?
Julieta: Por um lugar onde me arrependi
do pecado da desobediência
ao senhor e às suas ordens. Prometi
ajoelhar-me diante do senhor

para implorar perdão — é o que lhe peço!
Só sigo a voz do meu senhor, de mais ninguém.
Capuleto: Então, mande chamar o conde — e conte isso:
amanhã cedo — laços amarrados!
Julieta: Encontrei-me com ele, lá na cela,
e fiz sentir o amor que lhe dedico,
sem transgredir as normas da modéstia.
Capuleto: Alegro-me com isso. Ótimo! Levante-se.
É assim que deve ser. Preciso ver o conde.
— Você aí, vá procurá-lo logo,
...o conde Páris... para vir aqui.
Não é que o reverendo é bom de fato?!
Todo mundo o elogia na cidade.
Julieta: Ama, venha comigo até o meu quarto
e me ajude a escolher os acessórios
que sejam os melhores e os mais próprios.
Senhora: Ainda há tempo, arrume-se na quinta.
Capuleto: Vá sim, vá sim! Nós precisamos chegar cedo.
Senhora: Estes preparativos levam tempo.
É quase noite.
Capuleto: Eu cuido pessoalmente.
Não se preocupe, tudo vai dar certo.
Vá com Julieta, ajude-a a preparar-se.
Hoje, não vou dormir: deixe-me só.
Vou ser dona de casa em seu lugar.
Ei, ô! Alguém aí — Saíram todos.
Vou eu mesmo buscar o conde Páris,
e prepará-lo para o dia de amanhã.
Sinto-me leve, o coração alegre
— agora que a guria criou juízo.

Saem

CENA 3

QUARTO DE JULIETA

Entram ama e Julieta

Julieta: Aquele vestido cai melhor... mas, ama,
 deixe-me só por esta noite, por favor.
 Quero rezar com muita fé. Minha alma,
 cheia de culpa, está bem precisada
 de um sorriso do céu.

Entra a sra. Capuleto

Senhora: Precisa de uma ajuda,
 minha filha? Está muito ocupada?
Julieta: Não, minha mãe; já vimos quase tudo
 pra cerimônia. Agora, eu gostaria
 de ficar só. Deixe que a ama durma
 no seu quarto: serviço é o que não falta!
Senhora: Está bem, minha filha. Boa noite.
 Vá pra cama e descanse, que você merece.
Julieta: Adeus!

Saem sra. Capuleto e ama

    Quando será que a gente vai se ver?!
Que calafrio! É um gelo de medo nas veias
que quase extingue este calor de vida.
Vou chamá-las, preciso de coragem...
Ama! — Mas que faria ela comigo?
Eu tenho que representar sozinha
esta cena lúgubre. Chegou a hora,
meu vidrinho! — Mas... se a poção não agir?
Vou ter que me casar amanhã cedo?
Nunca! Isto haverá de proibir-me...

Põe um punhal ao lado

E se for um veneno que ele deu?
E se for um ardil pra me matar
e preservar seu nome, já que me casou
com Romeu? Pode ser... Acho que não.
Está mais que provado que ele é um santo,
não posso alimentar tais pensamentos.
Mas, se estiver deitada no jazigo
e despertar antes da vinda de Romeu?
Coisa medonha! Posso até morrer
sufocada, pela falta de ar
naquela cripta, em cuja boca suja
não entra ar salubre! — Oh, meu Deus! —
Se ficar viva, então, não pode acontecer
que só em pensar na morte — e que é de noite —
mais o terror que é o próprio do lugar
— um hipogeu, um ossuário antigo,
onde se empilham, há séculos, os ossos
dos ancestrais, e onde Tebaldo, há pouco
cheio de vida, está apodrecendo
em sua mortalha — e onde, em certas horas,
como dizem, aparecem os espíritos —
Coitadinha de mim! Será que eu,
ao acordar, sentindo aqueles cheiros
e ouvindo os gritos como os da mandrágora
arrancada, que enlouquecem as pessoas
— não posso ficar louca eu também,
no meio de pavores tão horrendos,
começando a brincar com ossos velhos
ou desmembrando o primo em seu sudário?
Não posso, na loucura, esmigalhar
o próprio crânio meu desesperado
com a clava de um osso dos meus mortos?
Ai, já estou vendo a alma de Tebaldo

em busca de Romeu, que extinguiu seu corpo
na ponta de um florete — Pare, pare! —
Acabo já, Romeu — Eu bebo por você!

Atira-se na cama

CENA 4

SALA DA CASA CAPULETO

Entram os Capuletos e ama

Senhora: Pegue as chaves e traga mais temperos, ama.
Ama: A copa está pedindo mais marmelo e tâmara.

Entra Capuleto

Capuleto: Mexam-se, que o galo já cantou duas vezes
e o toque de recolher já deu três horas.
Cuidado com o assado, boa Angélica.
Não adianta nada economizar.
Ama: Caro dono de casa, vá pra cama:
aposto que amanhã não vai sentir-se bem,
por ter passado a noite sem dormir.
Capuleto: Que nada! Quantas noites eu atravessei
por bobagens — sem ficar indisposto.
Senhora: Andou caçando gatas, nos bons tempos,
mas hoje, em minha casa, não há caça.

Saem sra. Capuleto e ama

Capuleto: Mas que ciumenta! — Você aí, o que há?

Entram criados com espetos, lenha e cestos

Criado 1: Não sei, são coisas pra cozinha.
Capuleto: Rápido!

Sai criado 1

Você, rapaz, arranje achas mais secas;
pergunte ao Pedro, que ele sabe onde é que estão.
Criado 2: Tenho cabeça e sei por onde achá-las:
não preciso do Pedro para isso.

Sai

Capuleto: Despachado, o malandro sem-vergonha!...
Filho-da-puta... mas que cara-de-pau!
Nossa, já é dia, o conde está chegando
com os músicos, que disse que traria.

Música, dentro

Ama! Mulher! Alguém chame uma delas.

Entra ama

Ama,
vá acordar Julieta e ajude-a a se vestir.
Eu vou falar com Páris — Vá depressa.
O noivo já chegou — Vá, vá correndo!

Saem

CENA 5

QUARTO DE JULIETA; JULIETA NA CAMA

Entra ama

Ama: Vamos, menina. — Onde se viu? — Julieta,
ainda na cama?! Vamos, dorminhoca!
Meu bem, minha senhora! Minha noiva!

Não diz um "ah!" — Está querendo descontar
pela semana inteira. Nesta noite,
o conde Páris há de vir tão descansado
que não vai deixar você dormir em paz.
Que coisa, Santo Deus! Que sono mais pesado.
Minha senhora! — Preciso despertá-la —
Senhora, senhora! Espere só que o conde
venha aqui procurá-la em sua cama:
que susto que a senhora vai tomar!
Como? Dormiu vestida! — E não tem forças
para se erguer... Acorde, acorde, acorde!
Meu Deus, o que será de mim? — Ela está morta!
Socorro! Socorro! A senhora está morta.
Maldito o dia em que nasci! — Um gole
de *acqua vitae* — Ai, meu senhor! Minha senhora!

Entra sra. Capuleto

Senhora: Que gritaria é essa?
Ama: Oh, dia lamentável!
Senhora: O que foi?
Ama: Veja, veja! Oh, dia lastimável!
Senhora: Ai de mim! Minha criança, minha vida!
   Acorde, olhe pra mim — ou vou morrer também!
   Socorro! Chame ajuda...

Entra Capuleto

Capuleto: Mas que vergonha! E Julieta? O noivo
   já está aí.
Ama: Mas ela faleceu,
   morreu. Ó, dia miserável!
Capuleto: Maldito dia! Morta, ela está morta?
Senhora: Dia de desgraça! Ela está morta, morta!
Capuleto: Mas, como? Deixe ver. Ela está fria,

o sangue já não corre, os membros estão rígidos
e a vida despediu-se destes lábios:
como a geada, assim a morte repentina
crestou a flor mais doce da campina.
Ama: Ó, dia lamentável!
Senhora: Tempos de infortúnio!
Capuleto: A morte que a levou antes de o amor levá-la
é a mesma que me trava a língua e a fala!

Entram frei Lourenço, Páris e músicos

Páris: Então, a noiva já está pronta para o altar?
Capuleto: Sim, pronta para ir, mas não para voltar.
Meu pobre filho, nesta noite, um cavalheiro,
o conde Morte, chegou antes e dormiu
com sua noiva — ali está ela, veja.
Como era flor, o conde a deflorou:
Morte, o meu genro; Morte, o meu herdeiro:
casado com Julieta, herda tudo,
quando eu morrer — os bens dos vivos e da vida!
Páris: Eu, que tanto esperei por ver o rosto
deste dia — o que vejo é um dia como este!
Senhora: Dia maldito, infeliz, desgraçado, odioso!
Que hora horrível esta, que o tempo contempla
na tarefa infinita do seu caminhar.
A minha filha única, pobre querida,
alegria e consolo dos meus dias...
— e vem a morte cruel para levá-la!
Ama: Que dia triste, meu Deus, que triste dia!
Dia lamentável, lastimável dia!
Não tivesse nascido para vê-lo.
É o mais negro de toda a minha vida.
Ai, que dia mais negro e lastimável!
Páris: Traído, abandonado, assassinado!
Odioso dom Morte, dom Morte Cruel,

além de me enganar, me destruiu!
Meu amor, minha vida — vida-amor-e-morte!
Capuleto: Humilhado! Odiado! Liquidado!
Ó, tempo de desgraças, por que agora,
só pra matar nossa solenidade?
Minha criança, minha alma, mais que filha,
você está morta — como pode ser?
Enterro com você minha alegria!
Lourenço: Parem com isso! Que vergonha! Um desespero
não se cura com outros desesperos!
Esta menina linda, foi o céu
em vocês que criou — e o céu a amou
e reclamou: para ela, é a salvação.
A parte que lhes cabe coube à morte,
mas o céu conservou a melhor parte.
Vocês sempre buscaram a sua glória:
era o céu de vocês vê-la no céu.
E agora que chegou além das nuvens,
ao céu do céu, que é a vida eterna,
vocês choram assim, desesperadamente?
Se ela está bem, vocês se sentem mal?
"Casada há muito tempo" nem sempre quer dizer
uma esposa feliz, no amor de uma mulher.
Esta casou sem casar: é casta
e feliz para sempre — e isto basta.
Enxuguem essas lágrimas; um ramo
de rosmaninho deitem no seu corpo
formoso, para os santos rituais,
vestida nos vestidos mais preciosos.
A natureza nos inclina à aflição,
mas suas lágrimas alegram a razão.
Capuleto: Tudo o que era festa e era banquete
agora se transforma em funeral:
os instrumentos viram sinos de finados,
as mesas viram fúnebre cortejo,
os cantos viram cânticos de adeus,

uma grinalda é enfeite de um cadáver
— e tudo vira tudo em seu contrário!
Lourenço: Convém sair, senhor! — Minha senhora! —
E, conde Páris, por favor, prepare-se
pra acompanhar o corpo à sua morada!
Há uma ira no céu: quem é o culpado?
Não provoquem, dizendo que é mau fado.

Saem Capuleto e senhora, Páris e o frei

Músico 1: Temos de enfiar a viola no saco e partir.
Ama: Pois é, gente boa, é isso mesmo — enfiem, enfiem,
pois como vocês viram, trata-se de um caso muito triste.

Sai a ama

Músico 1: Mas neste outro "caso" preciso enfiar alguma coisa.

Aponta a barriga; entra Pedro

Pedro: Músicos, oi músicos, ó músicos, *Alívio do coração*!... Eu preciso ouvir *Alívio do coração*... Eu dou a vida por essa canção!
Músico 1: Por que *Alívio do coração*?
Pedro: Justamente porque o meu coração está tocando "Meu coração está cheio de pena". Toquem uma peninha, pra me consolar.
Músico 2: Nada de chorinho, não é hora de tocar.
Pedro: Não vão tocar nada?
Músico 1: Nada... e em nada!
Pedro: Ainda bem que você percebeu.
Músico 1: Percebi, mas não recebi.
Pedro: De fato, grana não vai, mas grama vai: você vai pastar.
Músico 1: Bom pastor você não é.
Pedro: Mas sou melhor na flauta do que você: estou a fim de a-ré-ré-bentá-lo, esfá-fá-celá-lo — está sacando?
Músico 1: Tenho dó de você, que não paga, mas gaga.

Músico 2: Vamos parar com isso, seus engraçadinhos, que isso não leva a nada.
Pedro: Não leva, mas lava; não nada, mas bóia. Respondam, se forem homens:

> *Quando a dor penetrante fere o coração*
> *e prantos lamentosos oprimem a mente,*
> *então a música soa como prata.*

Sons de prata, hem, então que tal? Por que *música* com trinados de prata? Diga aí, Miado Gatão.
Músico 1: Eu acho, amado mestre, que é porque a prata tem um som doce.
Pedro: Jóia! E você, Rabecão Latido?
Músico 2: Acho que o som é de prata porque os músicos tocam por "gaita".
Pedro: Mas é bárbaro! E o que você diz, Marreco do Sol?
Músico 3: Não tenho nada o que dizer.
Pedro: Pobres-diabos! Vocês, que são cantores, que vivem mais pelos cantos do que para o canto, deviam sacar que a sua música cor de prata é moeda que nunca chega a ouro, porque as suas notas são falsas! Ah, ah, ah! —

> *E a serenata com seus sons de prata*
> *alivia o penar que mata!*

Sai, cantando

Músico 1: Sujeitinho sem-vergonha.
Músico 2: Ele que se dane, Tiago! A gente espera os carpideiros — e fica pra jantar.

Saem

5º ATO

CENA 1

MÂNTUA; UMA RUA

Entra Romeu

Romeu: O olhar do sono é só lisonja. E hoje,
os sonhos só me deram coisas boas:
o dono do meu peito, no seu trono,
e um espírito estranho, o dia todo,
me erguendo acima do pensar mundano:
estava morto e via a minha dama,
(que raro! — um morto livre pra pensar!)
que me beijou com tanta vida os lábios
que eu ressuscitei imperador!
É muito doce o amor que se possui
a si mesmo, quando é mais que doce
a simples sombra desse amor tão doce.

Entra Baltasar

Oi, Baltasar! Que notícias me traz
de Verona? Não há carta do padre?
Minha senhora, como vai? Meu pai vai bem?
Vou perguntar de novo: a minha dona
Julieta está bem? E como está passando?,
pois nada pode ir mal, se ela está bem.
Baltasar: Sim, bem... ela está bem — e nada mais
pode fazer-lhe mal: seu corpo jaz
no jazigo familiar dos Capuletos,
e sua parte imortal vive com os anjos.
Eu vi: ela jazia na cripta dos parentes
e eu vim correndo para lhe contar.

Perdoe-me, senhor: são más notícias:
  mas o senhor mandou, assim eu fiz.
Romeu: Ah, é assim? Eu desafio os astros!
  Leve papel e tinta aonde eu moro
  e alugue dois cavalos para hoje.
Baltasar: Por favor, tenha calma, não se precipite.
  O senhor está branco como cera
  e eu tenho medo de um desastre.
Romeu: Errou,
  meu caro. Vá e faça o que lhe disse.
  E frei Lourenço... não me mandou nada?
Baltasar: Não, meu senhor.
Romeu: Tudo bem. Pode ir.
  Veja aqueles cavalos! Eu já vou.

                              Sai Baltasar

  Nós vamos dormir juntos esta noite,
  Julieta! E de que jeito? O infortúnio
  pensa depressa no meu pensamento
  desesperado! Ocorre-me um boticário,
  que mora por aqui — e até me lembro
  que veste uns trapos... tem a cara fechada
  e manipula ervas: seu jeito pobre
  fala de miséria até aos ossos.
  Eu vi, na sua bodega, tartarugas,
  jacarés empalhados, umas peles
  de peixes esquisitos — e, nas prateleiras,
  pilhas e pilhas de caixas vazias,
  sementes bolorentas e bexigas,
  potes de barro verde, fios, barbantes,
  uns emplastros de rosas maceradas
  — e tudo oferecido a preço vil.
  Pensei comigo, vendo a sua miséria:
  se um dia alguém quiser algum veneno
  para uma pronta entrega aqui em Mântua

— e uma morte instantânea — este é o lugar.
Pois eu prenunciei a precisão
— e esse alguém sou eu — na ocasião!
Se estou lembrado, a casa é esta. É feriado,
o antro do mendigo está fechado —
— Você, de casa, ó boticário!

Entra o boticário

Boticário: E ainda grita!
Romeu: Vamos logo. Você é pobre, eu vejo.
    Aqui está: são quarenta ducados
    por uma dose de veneno. Mas eu quero
    que seja forte e tenha um efeito tão rápido
    que logo contamine todo o sangue
    e caia morto no ato quem, da vida,
    se cansou — e que a respiração
    deixe o corpo de modo tão violento
    como a bala da boca de um canhão,
    quando, aceso o estopim, estronda a pólvora.
Boticário: Tenho essa droga, mas as leis de Mântua
    cominam com a morte quem a avia.
Romeu: Tão pobre e miserável, rico de desgraças,
    e ainda teme morrer? Eu vejo fome
    na sua cara: precisão e opressão
    nos olhos; nas costas, ódio e mendicância.
    O mundo e a lei não são amigos seus:
    não há no mundo lei que o faça rico.
    Mas não precisa mais ser pobre — Tome.
Boticário: Pela pobreza, eu cedo — mas não pela vontade.
Romeu: Eu compro a sua pobreza e não sua liberdade.
Boticário: Misture com um líquido qualquer
    e beba de uma vez: nem que tivesse
    a resistência de dez homens, num instante
    você iria desta pra melhor.
Romeu: O ouro

está aí, um veneno muito mais poderoso
— que leva os homens a crimes mais infames
do que as pobres poções de suas receitas.
Eu, sim, vendo veneno — você: nada!
Adeus, compre comida e trate de engordar.
Vamos, aperitivo. Antes que o dia finde,
Julieta nos espera para um brinde.

Saem

CENA 2

CELA DE FREI LOURENÇO

Entra frei João

João: Meu irmão franciscano! Ó de casa!

Entra frei Lourenço

Lourenço: Esta voz me parece do irmão João.
Bem-vindo seja! E Mântua? E Romeu?
Se ele me escreveu, me dê a carta.
João: Atendendo ao pedido de um irmão descalço
da nossa ordem, que pedia ajuda
pra socorrer doentes de uma vila,
fomos detidos pelos vigilantes
e trancados numa casa onde morria
um cristão. E a suspeita era: peste!
E assim não pude prosseguir viagem.
Lourenço: Mas a carta a Romeu, quem entregou?
João: Aqui está ela. Não pude mandá-la,
nem arranjar um mensageiro de retorno,
tal o pavor da epidemia, irmão!
Lourenço: Que infortunada conjunção dos astros!
Não era de boas-novas essa carta,
mas continha importantes instruções.

Que destino não ter chegado ao seu destino!
Irmão João, arranje uma alavanca
e traga aqui, depressa.
João: Num minuto.

Sai

Lourenço: Tenho de ir ao túmulo sozinho.
Julieta desperta em poucas horas
e vai recriminar-me amargamente
por não ter posto Romeu a par de tudo.
Vou escrever de novo para Mântua;
enquanto isso, ela se oculta em minha cela.
Pobre cadáver lindo — encarcerado
no túmulo de alguém que não morreu!

Sai

CENA 3

UM CEMITÉRIO; MAUSOLÉU DOS CAPULETOS

Entram Páris e pajem, com flores e uma tocha

Páris: Dê-me a tocha, garoto. Afaste e espere.
Ou antes: apague: eu não quero ser visto.
Espere-me ali embaixo do cipreste
— e fique de ouvido colado na terra:
cavando as covas, o chão fica mole
e é fácil perceber o som dos passos.
E se vier alguém, me dê um sinal:
assobie. Agora, dê-me as flores
e pode ir: faça direito o que falei.
Pajem: Eu tenho medo de ficar sozinho
neste lugar... O jeito é arriscar.

Sai

Páris: Ó doce flor, com estas flores eu enfeito
esse dossel de pó e pedra do seu leito!
Todas as noites, vou regá-las de água doce,
ou, se faltar, com lágrimas de dor.
As pompas fúnebres que eu quero pra você
serão as minhas lágrimas noturnas.

Assobio do pajem

O menino está dando o sinal: vem vindo
alguém: que pé maldito vem aqui, à noite,
cortar o ritual de um grande amor?
Uma tocha! Oculte-me, noite, por favor.

Sai, entram Romeu e Baltasar, com tocha, picareta e alavanca

Romeu: Passe a barra de ferro e a picareta.
Espere um pouco: leve esta carta,
amanhã cedo, ao senhor meu pai.
Passe o facho — e jure, por sua vida,
não comentar sobre o que viu e ouviu.
Nem pense interromper o meu trabalho.
Se estou indo a este leito de morte,
em parte, é para ver a minha dama,
mas muito mais para pegar aquele anel
precioso do seu dedo: eu preciso dele
para um fim importante. Agora, vá —
mas não seja curioso: não volte para olhar
o que eu vou fazer, senão faço você
em mil pedaços — e jogo todos eles
pelas bocas famintas destas covas.
Os tempos são ferozes e selvagens
e eu sou como eles são: tal como o tigre
que rosna — e como o mar que urra!
Baltasar: Já estou indo, senhor: não hei de perturbá-lo.

Romeu: Pela nossa amizade, aceite isto:
viva, seja feliz — e adeus, bom camarada.
Baltasar: Por via das dúvidas, eu fico aqui:
seu jeito não me inspira confiança.

Retira-se

Romeu: Ventre da morte, antro nojento que comeu
o prato mais gostoso deste mundo,
você vai ter de abrir as mandíbulas podres.
(*Arrombando a porta do jazigo*) — para engolir ainda mais co-
[mida!
Páris: Não é que este é o Montéquio arrogante
que assassinou o primo de Julieta
— quem sabe, foi por isso que morreu! —
e que aparece aqui para algum ato vil
em seu cadáver. Mas eu vou impedi-lo.

Adianta-se

Pare com sua ação maldita, vil Montéquio,
que quer uma vingança além da morte.
Infame condenado, esteja preso:
não resista, você deve morrer.
Romeu: De fato, devo — e vim aqui pra isso.
Meu bom rapaz, não tente nem provoque
alguém desesperado: desapareça,
fuja, me deixe, pense nestes mortos,
não siga o seu exemplo — eu peço, moço.
Não acumule mais pecados na minha alma,
provocando o meu ódio: vá embora, saia!
Deus sabe que eu o amo mais que a mim,
pois vim aqui armado contra mim.
Fuja daqui e viva pra contar
que um louco lhe pediu para escapar.

Páris: Mas eu desprezo as suas exortações,
e eu o detenho, infame condenado!
Romeu: É uma provocação? Então, em guarda!

Duelam

Pajem: Meu Deus, estão lutando! Vou chamar o guarda.

Sai pajem

Páris: Fui atingido!... (*Cai*) — Seja caridoso:
deponha-me ao lado de Julieta.
Romeu: Prometo que farei. Quem será que matei?
Conde Páris, o amigo de Mercúcio!
Que me dizia mesmo o escudeiro
à minha alma em tropel? Que o conde Páris
ia casar-se com Julieta? Sim
ou não? Ou quem sabe se sonhei? Ou
já esteja louco, julgando tê-lo
ouvido, ao ouvir o nome dela?
Dê-me a mão, pobre amigo, e tracemos
nossos nomes no livro do infortúnio!
Para você, um túmulo glorioso...
que nada tem de túmulo, pois vejo
— Veja! — Julieta jazendo, ju-
ventude assassinada, a jorrar festa
de sua presença cheia de luz
nesta beleza de jazigo! E, morto,
ó morte, enterro também o meu morto.

Depõe Páris no catafalco

Quantas vezes um raio de alegria
saúda o moribundo! "É a melhora
da morte" — dizem todos. Mas relâmpago
não é o que lembro ao vê-la: amor... esposa!...

A morte beija-flor sugou-lhe o mel
do sopro, mas soprou-lhe um outro encanto!
Aqui não há derrota: a viva flâmula
vermelha ainda tremula nos seus lábios...
na face... e afasta o lúgubre pendão...
Primo Tebaldo, no manto sangrado,
que mais posso fazer por você, mais
do que erguer minha mão contra mim, minha
vida contra a vida minha, feroz
inimiga? Perdão.
      — Minha querida
Julieta, por que você ainda
é tão bonita? Quer que eu acredite
que uma morte sem corpo enamorou-se
desse seu corpo e o mantém prisioneiro,
para tê-lo no escuro, monstro obscuro?
De temor, por amor, eu vou ficar
ao seu lado, à pouca e vaga luz
deste palácio... vou ficar... ficar
com os vermes que são suas mucamas,
num sono-fim, depois de sacudir
da carne gasta o jugo das estrelas
de má sina.
     — Meus olhos... olhos... olhem
pela última vez! Meus braços... braços...
abracem pela última vez! Lábios,
carcereiros do hálito, com um beijo
fechem negócio a longuíssimo prazo
com o truste da Morte, ora mais gordo!
Ó piloto desesperado, ó prático
amargo e guia sem sal, atire contra
as rochas vivas este barco avariado!
Um brinde ao meu amor.

Bebe

                    O boticário
não mentiu. A droga é rápida como
este beijo agora: ...Ro...meu...mor...eu...

Morre; do outro lado do cemitério, entra frei Lourenço, com archote, alavanca e pá

Lourenço: Meu São Francisco me dê asas! Quantas vezes
  já topei nestes túmulos. Quem está aí?
Baltasar: Sou eu, um conhecido, um amigo.
Lourenço: Bendito seja! Mas me diga, meu amigo,
  que tocha é aquela que ilumina vermes
  e caveiras sem olhar? Me parece
  que arde na capela do jazigo.
Baltasar: É isso mesmo, santo padre. O meu senhor
  é que está lá — a quem o frei tanto quer bem.
Lourenço: Quem?
Baltasar: Romeu.
Lourenço: Há quanto tempo ele está lá?
Baltasar: Há meia hora.
Lourenço: Venha comigo à cripta.
Baltasar: Não posso, padre. Romeu pensa que eu me fui
  e até chegou a me ameaçar de morte,
  se eu tentasse vigiar suas ações.
Lourenço: Paciência, eu vou sozinho. Estou com medo
  que ocorra nesse tempo algo funesto.
Baltasar: Quando dormia embaixo do cipreste,
  sonhei que o meu senhor brigou com outro
  e matou o inimigo.
Lourenço: Ó, Romeu!

Adianta-se

Pobre de mim, pobre de mim, que sangue é este
que mancha a laje da soleira do sepulcro?

E estas espadas a sangrar sem dono,
pálidas mortais jazendo em paz?

Entra no jazigo

Romeu!... Sem sangue... O quê? Páris também,
banhado em sangue. Ó Deus, que hora maldosa
foi essa que assistiu tanta maldade?!
— A senhora se mexe!

Julieta desperta

Julieta: Ô, meu padre, que bom! Onde está meu senhor?
Eu lembro bem de onde tinha que estar
— e estou aqui. Onde está meu Romeu?

Ruídos, de dentro

Lourenço: Senhora minha, saia deste ninho
de morte, de contágio e de mau sono.
Uma Força maior que as nossas forças
frustrou os nossos planos. Vamos, vamos!
Seu marido está morto no seu peito
— e Páris, ao seu lado. Vamos, vamos!
Sempre haverá lugar para você
num convento de irmãzinhas. Não pergunte
nada agora: o tempo é escasso. Vamos, vamos!

Ruídos

Julieta! Eu já não posso esperar mais.

Sai

Julieta: Saia logo daqui — não vou sair.
O que é isto? É uma ampola ou uma taça

que o meu fiel amor fecha na mão?
Veneno, estou vendo: a morte antes da hora.
Mas que egoísmo, meu amor! Nem uma gota
de resto e pra remédio. Ah, nos seus lábios,
deve sobrar algum veneno — que ironia! —
pra me matar com o brinde de um beijo.

Beija-o

Que lábios quentes!
Guarda 1 (De fora): Mostre o caminho, vá na frente.
Julieta: Vem vindo gente. Rápido, feliz punhal (*Apanhando o punhal de Romeu*),
sua bainha é esta (*Apunhala-se*) até o fim da têmpera!

Cai sobre o corpo de Romeu e morre; entra o guarda com o pajem de Páris

Pajem: É aqui, veja ali, onde a tocha está queimando.
Guarda 1: Sangue no chão... Procurem pelo cemitério
e prendam todo aquele que encontrarem!

Saem alguns

Visão horrível! O conde assassinado,
Julieta sangrando — e o sangue ainda quente,
embora sepultada já há dois dias! —
Você, avise o príncipe! — Vá aos Capuletos —
Acorde os Montéquios! — Vocês, procurem por aí!

Saem outros guardas

Temos o chão, mas não a base, destas mortes:
somente o exame acurado dos fatos
poderá desvendar a causa da tragédia.

Voltam alguns guardas, trazendo Baltasar

Guarda 2: Achamos o ajudante de Romeu.
Guarda 1: Segure-o firme, até que chegue o príncipe.

Volta outro guarda, com frei Lourenço

Guarda 3: E o frei também: suspira, treme, chora.
 Tinha esta pá e esta barra de ferro,
 quando fugia.
Guarda 1: Muito suspeito: prenda.

Entram príncipe e comitiva

Príncipe: Que desastre aconteceu assim tão cedo
 para tirar-nos do repouso da manhã?

Entram Capuleto com senhora e outros

Capuleto: Mas o que houve? Só se ouvem gritos!
Senhora: Gente gritando na rua: Romeu!
 E outros — Julieta! Outros ainda — Páris!
 Vem todo mundo para cá, num alarido!
Príncipe: Quero ver o terror desses ouvidos.
Guarda 1: Veja, meu príncipe: o conde Páris,
 assassinado; Romeu, morto — e Julieta
 uma vez morta, ainda quente, outra vez morta.
Príncipe: Mas como aconteceu massacre tão sinistro?
Guarda 1: Achamos este frei e o homem de Romeu.
 Portavam ferramentas adequadas
 à violação de túmulos.
Capuleto: Meu Deus! Minha mulher! A nossa filha sangra!...
 Este punhal errou de rumo — sem brasão —
 e a bainha do Montéquio está vazia,
 mas não o coração de nossa filha!

Senhora: Esta visão de morte é um dobre de finados
para os meus velhos anos — já dobrados!

Entram Montéquio e outros

Príncipe: Veja, Montéquio, tão cedo despertado,
seu filho e herdeiro — mais cedo adormecido.
Montéquio: Minha mulher acaba de morrer.
O exílio de seu filho interrompeu seus dias.
Ai de mim, soberano, que mais falta,
para a desgraça plena da minha alma?
Príncipe: Pois então olhe e veja.
Montéquio: Ó, mal-educado,
este meu filho! Que modos são esses?
Ir para sempre à frente dos seus pais?
Príncipe: Suspenda, se puder, o desespero,
até que se esclareça este mistério:
origens, responsáveis, conseqüências.
Depois, eu mesmo irei à frente de suas penas,
mesmo que nos matem. Vamos ter coragem
e que a desgraça seja a escrava da paciência.
— Tragam os suspeitos.
Lourenço: Eu sou o principal,
embora tenha menos cometido
— mas depõem contra mim tempo e lugar,
em relação a este horrível morticínio.
Eu me apresento — eu pago — eu me defendo
— a mim mesmo acusando e defendendo.
Príncipe: Então nos conte a sua versão do caso.
Lourenço: Eu vou ser breve, porque fôlego não tenho
para histórias compridas. Bem, Romeu,
ali estendido, era esposo de Julieta,
e ela, ali morta, a sua fiel esposa.
Eu os casei — e suas secretas núpcias
foram roubadas ao Dia do Juízo

de Tebaldo, cuja morte prematura
baniu o recém-noivo da cidade.
Por ele — e não o primo — ela sofria.
Os senhores seus pais, julgando levantar
o assédio de sua dor, firmaram um contrato
de casamento com Páris — sem consulta
a ela — e ela então me procurou,
transtornada: que eu achasse um meio
de livrá-la de um segundo casamento;
caso contrário, daria fim à vida.
Conforme as minhas artes, preparei-lhe
um elixir de sono que, de fato,
surtiu o efeito pretendido: na aparência,
estava morta. E, no entretempo, eu escrevi
a Romeu, pra vir aqui — ó, noite horrenda! —
para tirá-la do sepulcro temporário,
ao cessar do efeito da droga. Mas o irmão
João, portador da missiva, não pôde
entregá-la a Romeu, por mero incidente,
e devolveu-me a carta. Então, sozinho,
no momento previsto do seu despertar,
vim resgatá-la do jazigo familiar,
com a idéia de ocultá-la em minha cela,
até unir-se e reunir-se com Romeu.
Quando cheguei, porém, poucos minutos
antes da previsão, o nobre Páris
já estava morto — e morto o fiel Romeu.
Ela acorda. Peço que me acompanhe
— mas preferiu dar fim à própria vida.
Isto é o que sei. E quanto ao casamento,
sua ama está ao par. Se alguma coisa
desandou por minha culpa, que os meus anos,
que são muitos, se abreviem mesmo assim,
segundo ordena a mais severa lei.

Príncipe: Ainda o temos por um santo homem.
 — E o ajudante de Romeu, o que diz ele?
Baltasar: Levei ao meu senhor a triste nova
 e, cavalgando, ele partiu de Mântua,
 direto para cá. Eis uma carta
 para o seu pai. Me ameaçou de morte,
 se o não deixasse a sós dentro da cripta.
Príncipe: Deixe-me ver a carta. Onde está o pajem
 de Páris, que chamou o guarda? O que fez ele?
Pajem: Veio depositar algumas flores
 na tumba de Julieta — ordenando
 que eu ficasse longe, como fiz.
 Mas logo alguém, com tocha, veio abrir a tumba.
 Ambos se engalfinharam em duelo
 e fui correndo pra chamar o guarda.
Príncipe: Esta carta confirma as palavras do frei,
 o caso de amor, a notícia da morte.
 E diz ainda que comprou veneno
 de um pobre alquimista, para vir morrer
 ao lado de Julieta, sua esposa.
 E agora — os grandes inimigos! Capuleto!
 Montéquio! Colham o fruto do seu ódio!
 — O céu mata o rancor com seu amor!
 Eu tolerei demais tanta discórdia:
 perdi muitos dos meus: fomos todos punidos.
Capuleto: Irmão Montéquio, dê-me a sua mão.
 É o dote de Julieta — e mais não peço.
Montéquio: Mas eu posso dar mais — e vou mandar erguer
 a estátua da pureza em ouro puro.
 Enquanto houver Verona, no futuro,
 todos irão lembrar o exemplo de Julieta
 — o coração fiel do amor sincero.
Capuleto: E Romeu ao seu lado — assim eu quero
 — pobres vítimas da nossa inimizade.

Príncipe: Com a manhã, vem uma triste paz.
 Baixa a cabeça o sol, só de pesar.
 Vamos embora. Muito ainda resta
 o que falar de história tão funesta.
 Jamais caso mais triste aconteceu
 do que este — o de Julieta e seu Romeu.

Richard Brinsley Sheridan
OS RIVAIS

Richard Brinsley Sheridan (1751-1816) começou a tornar-se um dos clássicos da dramaturgia inglesa do século XVIII com a publicação de *Os rivais*, em 1775, aos 23 anos de idade. Tratava-se de uma comédia de erros e costumes, dentro dos padrões e das solicitações da época, que haveria de produzir o *Tom Jones*, de Fielding (que também chegou a brilhar no teatro). Vale dizer, uma boa comédia a mais, de um jovem promissor, que armava bem uma trama, mas não a sabia desarmar. Só que o jovem inventou um lance surpreendente: criou uma certa sra. Malaprop e seus Malapropismos — e enfiou a glória no bolso. Desde então, não há quem não lhe renda homenagem — de Sterne a Joyce, passando... pelo mundo todo. Não por acaso esses três eram irlandeses, de Dublin. A personagem Júlia, amiga da heroína principal, Lídia, e componente do jovem quadrivirato amoroso, assim define o *malapropismo*: "palavras engenhosamente mal aplicadas, sem que sejam mal enunciadas". Em termos semióticos, trata-se de um ruído semântico provocado no eixo da similaridade, pela semelhança fônica: aproxima-se do trocadilho, ou paronomásia — mas, neste caso, a ignorância do falante substitui a intencionalidade quase sempre presente no trocadilho. Em resumo: o malapropismo é um trocadilho involuntário, sistemático e levado a sério — uma palavra substitui outra semelhante, num despropósito de significado. Aqui, foram selecionadas as intervenções mais representativas da sra. Malaprop. Embora contemporânea do *Werther*, *Os rivais* conserva a linguagem clássica. Mas Sheridan assistiria não só ao nascimento do romantismo inglês, com os poetas "laquistas" (Wordsworth, Coleridge, Southey) e os romances medievalistas de Walter Scott (1771-1832), como ao seu auge, com a poesia de Byron (1788-1824), que influenciaria todo o mundo, velhos e moços, de Goethe e Pushkin a Álvares de Azevedo e Castro Alves. Seguindo a linha que detectei nesse processo — do lírico ao ideológico —, Sheridan praticamente abandonaria a literatura pela política, na qual brilhou, igualmente, faltando pouco para que se tornasse primeiro-ministro. Aviso: o malapropismo é um signo contagioso, que contamina as palavras das vizinhanças e as pessoas que as pronunciam...

Texto básico: *The rivals*, em *Eighteenth-Century plays*, Nova York, Random House, The Modern Library, 1952; prefácio de Ricardo Quintana, da Universidade de Wisconsin.

THE RIVALS

ACT I

SCENE 2

Enter Mrs Malaprop and Sir Anthony Absolute

Malaprop: *There, Sir Anthony, there sits the deliberate simpleton, who wants to disgrace her family, and lavish herself on a fellow not worth a shilling!*

Lydia: *Madam, I thought you once —*

Malaprop: *You thought, Miss! I don't know any business you have to think at all. Thought does not become a young woman. But the point we would request of you is, that you will promise to forget this fellow — to illiterate him, I say, quite from your memory.*

Lydia: *Ah! Madam! our memories are independent of our wills. It is not so easy to forget.*

Malaprop: *But I say it is, Miss; there is nothing on earth so easy as to* forget, *if a person chooses to set about it. I'm sure I have as much forgot your poor dear uncle as if he had never existed — and I thought it my duty so to do; and let me tell you, Lydia, these violent memories don't become a young woman.*

Absolute: *Why sure she won't pretend to remember what she's ordered not! — aye, this comes of her reading!*

Lydia: *What crime, Madam, have I committed to be treated thus?*

Malaprop: *Now don't attempt to extirpate yourself from the matter; you know I have proof controvertible of it. But tell me, will you promise to do as you are bid? Will you take a husband of your friend's choosing?*

OS RIVAIS
INTERINVENÇÕES DA SRA. MALAPROP...

1º ATO

CENA 2

Entram a sra. Malaprop e Sir Anthony Absolute

Malaprop: E ali, Sir Anthony, ali está a simplória propositalque quer arruinar a sua família, dissipando-se num sujeito que não vale um tostão!

Lídia: Mas eu pensei que a senhora, antes...

Malaprop: Ah, pensou?!... Não sei em que poderia ter pensado, senhorita! Pensar não condiz com uma jovem. O ponto que lhe é requisitado é o seguinte: você tem que prometer que vai esquecer esse sujeito — você deve arriscá-lo completamente da memória!

Lídia: Ah, minha senhora!... Nossas lembranças não dependem de nossa vontade. Não é fácil esquecer.

Malaprop: Pois eu digo que é, moça: não há nada mais fácil do que *esquecer*... se a gente se aplica. Posso dizer, por exemplo, que esqueci tão completamente o seu pobre e querido tio, que é como se ele não tivesse existido — e acho que isso não é mais que obrigação. E deixe que eu lhe diga, Lídia: essas lembranças violentas não recaem bem numa moça.

Absolute: É claro que ela não vai querer lembrar o que não é permitido! — é isso, todo o mal vem da leitura!

Lídia: Qual foi o crime que eu cometi, senhora, para ser tratada deste jeito?

Malaprop: Não queira extrair-se do assunto: você sabe que eu tenho provas mais do que controversas. Mas, responda: você promete fazer o que lhe for solicitado? Você aceita um marido escolhido por esta sua amiga?

Lydia: *Madam, I must tell you plainly, that had I no preference for anyone else, the choice you have made would be my aversion.*

Malaprop: *What business have you, Miss, with* preference *and* aversion? *They don't become a young woman; and you ought to know, that as both always wear off, 'tis safest in matrimony to begin with a little aversion. I am sure I hated your poor dear uncle before marriage as if he'd been a blackamoor — and yet, Miss, you are sensible what a wife I made! — and when it pleased heaven to release me from him, 'tis unknown what tears I shed! But suppose we were going to give you another choice, will you promise us to give up this Beverley?*

Lydia: *Could I belie my thoughts so far as to give that promise, my actions would certainly as far belie my words.*

Malaprop: *Take yourself to your room. You are fit company for nothing but your own ill-humours.*
Lydia: *Willingly, Ma'am — I cannot change for the worse.*

Exit Lydia

Malaprop: *There's a little intricate hussy for you!*

Absolute: *It is not to be wondered at, Ma'am — all this is the natural consequence of teaching girls to read. Had I a thousand daughters, by heaven! I'd as soon have them taught the black art as their alphabet!*
Malaprop: *Nay, nay, Sir Anthony, you are an absolute misanthropy.*
Absolute: *In my way hither, Mrs Malaprop, I observed your niece's maid coming forth from a circulating library! She had a book in each hand — they were half-bound volumes, with marble covers! From that moment I guessed how full of duty I should see her mistress!*

Malaprop: *Those are vile places, indeed!*

Lídia: Senhora, devo dizer-lhe francamente: se eu não tivesse preferência por nenhuma outra pessoa — ainda assim, eu teria aversão pela sua escolha.

Malaprop: O que sabe você, mocinha, de *preferência* e *aversão*? Isso não recai bem numa jovem — e é bom que você saiba que, como as duas coisas acabam se desgastando, é mais seguro começar um casamento com um pouco de *aversão*. Estou certa de que odiei o seu pobre e querido tio, antes do casamento, como se ele fosse um negro — e, no entanto, menina, você tem muito bem consciência da esposa que eu fui! E, quando aprouve aos céus desgrudá-lo de mim, é inconsabido quantas lágrimas verti! Mas, se dermos a você uma nova oportunidade, você promete abrir mão desse Beverley?

Lídia: Se eu renegasse meus pensamentos a ponto de lhe prometer isso, estou certa de que os meus atos haveriam de trair as minhas palavras.

Malaprop: Acolha-se ao seu quarto: o mau humor lhe há de fazer boa companhia.

Lídia: Certo, senhora — Eu não poderia mudar para pior.

Sai Lídia

Malaprop: Olhe a intrincada liberada que o senhor vai ter pela frente!

Absolute: Não é de admirar, senhora — tudo isso é a conseqüência natural de ensinar as meninas a ler. Ainda que eu tivesse mil filhas, juro que haveria de ensinar-lhes antes a magia negra do que o alfabeto!

Malaprop: Ora, vamos, Sir Anthony, isso não passa de uma absoluta misantropia de sua parte.

Absolute: Quando vinha vindo para cá, senhora Malaprop, vi a criada de sua filha saindo de uma biblioteca circulante! Tinha um livro em cada mão — desses costurados, de capa dura! Por ali logo imaginei como a patroa dela devia ser uma pessoa ocupada!

Malaprop: De fato, são lugares pouco encomendáveis.

Absolute: *Madam, a circulating library in a town is as an evergreen tree of diabolical knowledge! It blossoms through the year! And depend on it, Mrs Malaprop, that they who are so fond of handling the leaves, will long for the fruit at last.*

Malaprop: *Fie, fie, Sir Anthony, you surely speak laconically!*

Absolute: *Why, Mrs Malaprop, in moderation, now, what would you have a woman know?*

Malaprop: *Observe me, Sir Anthony. I would by no means wish a daughter of mine to be a progeny of learning; I don't think so much learning becomes a young woman; for instance — I would never let her meddle with Greek, or Hebrew, or Algebra, or Simony, or Fluxions, or Paradoxes, or such inflammatory branches of learning — neither would it be necessary for her to handle any of your mathematical, astronomical, diabolical instruments; — but, Sir Anthony, I would send her, at nine years old, to a boarding-school, in order to learn a little ingenuity and artifice. Then, Sir, she should have a supercilious knowledge in accounts — and as she grew up, I would have her instructed in geometry, that she might know something of the contagious countries — but above all, Sir Anthony, she should be mistress of orthodoxy, that she might not misspell, and mispronounce words so shamefully as girls usually do; and likewise that she might reprehend the true meaning of what she is saying. This, Sir Anthony, is what I would have a woman know — and I don't think there is superstitious article in it.*

Absolute: *Well, well, Mrs Malaprop, I will dispute the point no further with you; though I must confess that you are a truly moderate and polite arguer, for almost every third word you say is on my side of the question. But, Mrs Malaprop, to the more important point in debate — you say you have no objection to my proposal.*

Malaprop: *None, I assure you. I am under no positive engagement with Mr Acres, and as Lydia is so obstinate against him, perhaps your son may have better success.*

Absolute: Minha senhora, uma biblioteca circulante numa cidade é como uma trepadeira da ciência do diabo: floresce o ano todo! E creia, senhora Malaprop, aquele que está acostumado a manusear suas folhas, logo vai querer passar aos frutos!

Malaprop: Ora, ora, Sir Anthony, o senhor deve estar falando laconicamente!

Absolute: Bem, senhora Malaprop, agora falando a sério: o que a senhora acha que uma mulher deve saber?

Malaprop: Preste intenção, Sir Anthony. Eu não gostaria, de modo algum, que a minha filha fosse uma progênie de sabedoria. Saber demais não calha numa moça. Por exemplo, nunca haveria eu de querer que ela se metesse com grego, hebraico, álgebra, simonia, fluxos, paradoxos e outros ramos inflamatórios do conhecimento — nem julgaria necessário que manipulasse aqueles seus diabólicos instrumentos matemáticos e astronômicos. Contudo, Sir Anthony, aos nove anos de idade, eu a meteria num internato, para aprender um pouco de engenhosidade e artifício; além disso, ela teria alguns corrimentos de contabilidade; assim que crescesse, seria iniciada em geometria, para saber alguma coisa daqueles países eqüidistantes. Mais do que tudo, porém, Sir Anthony, ela teria de ser a guardiã da ortodoxia — jamais engolindo sílabas ou pronunciando erradamente as palavras, como costumam fazer as meninas de hoje, para nossa vergonha. Ao mesmo tempo, haveria de repreender o verdadeiro significado das palavras. Isto, Sir Anthony, é o que acho que uma mulher deve saber — e acho que não há nenhum artigo superfluente no que acabo de dizer.

Absolute: Bem, bem, senhora Malaprop, não vou discutir mais... embora deva confessar que a senhora é uma debatedora de primeira, educada e moderada; em cada três palavras que a senhora pronuncia, uma delas milita em meu favor. Agora, senhora Malaprop, vamos ao ponto principal da questão: a senhora diz que não tem objeção à minha proposta.

Malaprop: Nenhuma, posso assegurar. Não resumi qualquer compromisso positivo com o senhor Acres. Como Lídia se obstina contra ele, talvez seu filho possa ter melhor êxito.

Absolute: *Well, Madam, I will write for the boy directly. He knows not a syllable of this yet, though I have for some time had the proposal in my head. He is at present with his regiment.*

Malaprop: *We have never seen your son, Sir Anthony; but I hope no objection on his side.*

Absolute: *Objection! — let him object if he dare! No, no, Mrs Malaprop, Jack knows that the least demur puts me in a frenzy directly. My process was always very simple — in their younger days, 'twas "Jack do this"; — if he demurred — I knocked him down — and if he grumbled at that — I always sent out of the room.*

Malaprop: *Aye, and the properest way, o' my conscience! — nothing is so conciliating to young people as severity. Well, Sir Anthony, I shall give Mr Acres his discharge, and prepare Lydia to receive your son's invocations; and I hope you will represent* her *to the Captain as an object not altogether illegible.*

Absolute: *Madam, I will handle the subject prudently. Well, I must leave you — and let me beg you, Mrs Malaprop, to enforce this matter roundly to the girl; take my advice — keep a tight hand; if she rejects this proposal — clap her under lock and key — and if you were just to let the servants forget to bring her dinner for three or four days, you can't conceive how she'd come about!*

Exit Sir Anthony

Malaprop: *Well, at any rate I shall be glad to get her from under my intuition. She has somehow discovered my partiality for Sir Lucius O' Trigger — sure, Lucy can't have betrayed me! No, the girl is such a simpleton, I should have made her confess it. — (Calls) — Lucy! — Lucy — Had she been one of your artificial ones, I should never have trusted her.*

Absolute: Então, senhora, vou escrever pessoalmente ao rapaz. Ele não sabe um "a" disto tudo, embora essa idéia já estivesse trabalhando na minha cabeça há algum tempo... No momento, ele se encontra no seu regimento.

Malaprop: Nós ainda não conhecemos o seu filho, Sir Anthony — mas espero que ele não tenha nenhuma abjeção.

Absolute: Objeção!? — Ele que ouse! Não, senhora Malaprop: o Jack sabe que qualquer resistência de sua parte logo me põe fora do sério. Meu método sempre foi muito simples: quando ele era criança, se eu dizia "Jack, faça tal coisa" — e ele não fazia, eu logo o derrubava com um cascudo; se ele reclamasse, eu o punha pra fora.

Malaprop: Em sã consciência, Sir Anthony, devo dizer que esse é o caminho mais apropriado: para os moços, não há nada mais conciliábulo do que a disciplina. Bem, Sir Anthony, então fica combinado: vou dar a descarga no senhor Acres e preparar Lídia para as invocações de seu filho. Espero que o senhor tenha a descrição de descrevê-la ao capitão como um objeto não de todo ilegível.

Absolute: Minha senhora, vou tratar do assunto com toda a cautela. Bem, preciso ir — mas eu lhe peço, senhora Malaprop: faça-a sentir que é uma questão de honra. Pulso firme — é o que eu acho. Se rejeitar a proposta, tranque-a a chave — e esqueça de mandar os criados levar-lhe o jantar durante três ou quatro dias: a senhora não imagina o efeito que isso faz!

Sai Sir Anthony

Malaprop: Bem, de qualquer modo, fico contente de tê-la sob minhas custódias... Ela já deve ter percebido as minhas declinações em relação a Sir Lucius O' Trigger... — Bem, Lucy não pode ter me traído! Acho que não, ela é uma menina tão simplória... Seria melhor fazê-la confessar. (*Chama*) — Lucy! Lucy... Se ela fosse uma dessas artificiais, eu não confiaria nunca.

Enter Lucy

Lucy: *Did you call, Ma'am?*
Malaprop: *Yes, girl. Did you see Sir Lucius while you was out?*
Lucy: *No, indeed, Ma'am, not a glimpse of him.*
Malaprop: *You are sure, Lucy, that you never mentioned —*
Lucy: *O Gemini! I'd sooner cut my tongue out.*
Malaprop: *Well, don't let your simplicity be imposed on.*

Lucy: *No, Ma'am.*
Malaprop: *So, come to me presently, and I'll give you another letter to Sir Lucius, but mind, Lucy — if ever you betray what you are intrusted with (unless it be other people's secrets to me) you forfeit my malevolence forever, and your being a simpleton shall be no excuse for your locality.*

Exit Mrs Malaprop

ACT II

SCENE 2

Lucy: *There, Sir Lucius.* (Gives him a letter)
Sir Lucius (Reads): *"Sir, there is often a sudden incentive impulse in love, that has a greater induction than years of domestic combination: such was the commotion I felt at the first superfluous view of Sir Lucius O'Trigger." — Very pretty, upon my word. — "Female punctuation forbids me to say more; yet let me add, that it will give me joy infallible to find Sir Lucius worthy the last criterion of my affections." — Delia. Upon my conscience! Lucy, your lady is a great mistress of language. Faith, she's quite the queen of the dictionary! — for the devil a word dare refuse coming at her call — though one would think it was quite out of hearing.*

Entra Lucy

Lucy: A senhora chamou, madame?
Malaprop: Sim, menina. Você viu Sir Lucius, quando esteve fora?
Lucy: Não, madame, nem de passagem.
Malaprop: Você tem certeza, Lucy, de que nunca tocou —
Lucy: Pelos nossos nomes gêmeos! Preferia queimar a língua.
Malaprop: Não deixe que ninguém se aproveite de sua simplicidade.
Lucy: Sim, senhora.
Malaprop: Então, venha, Lucy, acompanhe-me instantaneamente, que eu tenho mais uma carta para Sir Lucius. Mas, cuidado — Se algum dia você trair a minha secretação (a não ser dos outros pra mim), você recorrerá na minha malevolência para sempre — e o fato de você ser uma simplória não vai servir de desculpa para a sua expedição.

Sai a sra. Malaprop

2º ATO

CENA 2

Lucy: Aqui está, Sir Lucius. (*Entrega-lhe uma carta*)
Sir Lucius (*Lê*): "Senhor, há, muitas vezes, no amor, um súbito impulso incentivo, que produz uma indução maior do que anos e anos de combinação doméstica: assim foi a comoção que senti à primeira vista supérflua de Sir Lucius O'Trigger." — Dou-lhe minha palavra: é muito bonito, mesmo! — "A condução me impede de ir além, mas permita-me acrescentar que eu serei tomada de uma alegria infalível se puder saber que Sir Lucius preenche o mais extremo critério das minhas afecções". Délia. Em sã consciência, Lucy, a sua patroa é uma grande senhora da linguagem. Mais ainda, ela é uma rainha do dicionário! Nem sob pena do inferno ousaria uma palavra recusar-se ao seu chamado... embora às vezes um tanto longe demais.

ACT III

SCENE 3

MRS. MALAPROP'S LODGINGS

Mrs Malaprop, with a letter in her hand, and Captain Absolute

Malaprop: *Your being Sir Anthony's son, Captain, would itself be a sufficient accommodation; but from the ingenuity of your appearance, I am convinced you deserve the character here given of you.*

Malaprop: *Sir, you do me infinite honour! I beg, Captain, you'll be seated. Ah! Few gentlemen now-a-days know how to value the ineffectual qualities in a woman! Few think how a little knowledge becomes a gentlewoman! Men have no sense now but for the worthless flower of beauty!*

Malaprop: *Sir, you overpower me with good breeding.* (Aside) — *He is the very pineapple of politeness!* — *You are not ignorant, Captain, that this giddy girl has somehow contrived to fix her affections on a beggarly, strolling, eaves-dropping Ensign, whom none of us have seen, and nobody knows anything of.*

Malaprop: *You are very good and very considerate, Captain. I am sure I have done everything in my power since I exploded the affair! Long ago I laid my positive conjunctions on her never to think on the fellow again; I have since laid Sir Anthony's prepositions before her; but, I'm sorry to say, she seems resolved to decline every particle that I enjoin her.*

3º ATO

CENA 3

APOSENTOS DA SRA. MALAPROP

Sra. Malaprop, com uma carta na mão, e o capitão Absolute

Malaprop: O fato de o senhor ser o filho de Sir Anthony, por si mesmo, já é uma acomodação suficiente, mas pela engenhosidade de sua aparência, estou convencida de que o senhor merece o tipo que representam do senhor.

Malaprop: Mas o senhor me honra infinitamente! Por favor, capitão, apoltrone-se. (*Senta-se*) Ah, são poucos os cavalheiros de hoje em dia que sabem apreciar as qualidades ineficazes de uma dama! São raros os que percebem o quanto um pouco de conhecimento recai bem numa senhora fina. Hoje os homens não atentam senão para a flor sem valor da beleza!

Malaprop: Mas o senhor me sobrepuja de qualidades! (*À parte*) — Ele é o próprio sumidouro da finura! — O senhor não ignora, capitão, que essa garota desmiolada de alguma forma conseguiu consertar suas afecções nesse Ensign, um pedinte vagabundo e abelhudo, que ninguém viu e sobre o qual nada se sabe.

Malaprop: Isso demonstra grande consideração de sua parte, capitão. Estou certa de que fiz tudo o que estava ao meu alcance, desde o momento em que detonei o caso! Há muito tempo que venho instando com todas as minhas conjunções junto a ela para que deixe de pensar nesse sujeito. Pus diante dela as preposições de Sir Anthony, mas sinto ter que dizer que ela parece decidida a rejeitar todo e qualquer artigo consumado que eu lhe apresente.

Captain: *It must be very distressing, indeed, Ma'am.*
Malaprop: *Oh! it gives me the hydrostatics to such a degree! I thought she had persisted from corresponding with him; but behold this very day I have interceded another letter from the fellow! I believe I have it in my pocket.*
Captain (Aside): *Oh the devil! my last note.*
Malaprop: *Aye, here it is.*
Captain: *Aye, my note, indeed! Oh the little traitress Lucy!*

Absolute: *"As for the old weather-beaten she-dragon who guards you" Who can he mean by that?*
Malaprop: *Me! sir — me! — he means me! — There — what do you think now? But go on a little further.*
Absolute: *Impudent scoundrel! — "it shall go hard but I will elude her vigilance, as I am told that the same ridiculous vanity which makes her dress up her coarse features, and deck her dull chat with hard words which she don't understand" —*

Malaprop: *There, Sir! an attack upon my language! What do you think of that? — an aspersion upon my parts of speech! Was ever such a brute! Sure if I reprehend anything in this world, it is the use of my oracular tongue, and a nice derangement of epitaphs!*

Malaprop: *Oh, there's nothing to be hoped for from her! She's as headstrong as an allegory on the banks of Nile.*

Capitão: Deve ser, de fato, muito penoso para a senhora.
Malaprop: Chega a me provocar náuticas, capitão! Pensei que já tivesse persistido de manter correspondência com ele — mas, olhe só, acabo de interceder uma outra carta do sujeito! Acho que está aqui no meu bolso.
Capitão (*À parte*): Diabo! Meu último bilhete!
Malaprop: Ah, aqui está.
Capitão (*À parte*): E é mesmo, o meu bilhete! Aquela Lucy miserável, traidora!

Absolute: "E quanto àquela dragoa velha batida pelas intempéries que vigia você" — A quem ele quer referir-se com isso?
Malaprop: A *mim*, senhor, a *mim*! Ele se refere a *mim*! E agora, o que o senhor acha? Mas leia mais um pouco.
Absolute: Cafajeste sem-vergonha! — "Ela vai endurecer, mas hei de iludir a sua vigilância, pois estou sabendo que a mesma vaidade ridícula que a leva a empetecar-se leva-a também a enfeitar o seu papo chato com palavras difíceis que ela não entende —
Malaprop: Veja só, meu caro senhor! Um ataque à minha linguagem! O que o senhor acha disso? Uma aspersão sobre as minhas partes discursivas! Já se viu um grosseirão igual?! Se jamais repreendi alguma coisa neste mundo foi o emprego da minha língua oracular e um agradável desarranjo de epitáfios!

Malaprop: Oh, não há nada a fazer com ela! Ela é mais cabeçuda do que um repelente das barrancas do rio Nilo.

ACT IV

SCENE 2

MRS MALAPROP LODGINGS

                                      Mrs Malaprop and Lydia

Malaprop: *Why, thou perverse one! Tell me what you can object to him? Isn't a handsome man? Tell me that. A genteel man? A pretty figure of a man?*
Lydia (Aside): *She little thinks whom she is praising!* — (Aloud) *So, is Beverley, Ma'am!*

Malaprop: *No caparisons, Miss, if you please! Caparisons don't become a young woman. No! Captain Absolute is indeed a fine gentleman!*
Lydia (Aside): *Aye, the Captain Absolute* you *have seen.*
Malaprop: *Then he's so well bred; so full of alacrity and adulation! And has so much to say for himself — in such language, too! His physiognomy so grammatical! Then his presence is so noble! I protest, when I saw him, I thought of what Hamlet says in the play:* "Hesperian curls! — the front of Job himself! An eye like March, to threaten at command — a station, like Harry Mercury, new" — *something about kissing on a hill — however the similitude struck me directly.*

Malaprop: *I am sorry to say, Sir Anthony, that my affluence over my niece is very small.* — (Aside to her) — *Turn round, Lydia; I blush for you!*

Malaprop: *Well, Sir Anthony, since* you *desire it, we will not anticipate the past; so mind, young people: our retrospection will now be all to the future.*

4º ATO

CENA 2

APOSENTOS DA SRA. MALAPROP

Sra. Malaprop e Lídia

Malaprop: Ora, sua teimosa! Diga-me o que você tem contra ele? Não é bonito? — Diga. Não é educado? Diga. Diga se não é um belo homem!
Lídia (*À parte*): Ela nem sabe quem está elogiando! (*Alto*) — O Beverley também é, senhora!...

Malaprop: Nada de cooperações, senhorita, por favor! Cooperações não recaem bem numa jovem da sociedade. Nunca! O capitão Absolute é, de fato, um grande cavalheiro!
Lídia (*À parte*): Sim, o capitão Absolute que *a senhora* viu!
Malaprop: Mas ele é *tão* educado, *tão* cheio de alegria e adulação — e tem *tantas* coisas a seu favor — e *como* sabe falar bem! Sua fisionomia é *tão* gramatical! E que presença *tão* nobre! Mas ele é *tão*, que quando eu vi o capitão, logo pensei no que Hamlet diz em sua peça: "Cachinhos das Espertas! — A fonte do próprio Jópiter — Um olhar de Março! Terrível no comando! E uma compostura como a de Mergulho, o mensageiro!" — e havia também algo como um beijo na colina. De qualquer forma, a semelhança me tocou logo.

Malaprop: Sinto ter que dizer, Sir Anthony, que a minha afluência sobre a minha sobrinha é mínima. (*À parte*) — Vire-se, Lídia: eu me envergonho por você!

Malaprop: Bem, Sir Anthony, já que o senhor quer assim, não vamos nos antecipar ao passado. Mas, atenção, meus jovens: a nossa retrospectiva, de agora em diante, só vai referir-se ao futuro.

Johann Wolfgang von Goethe
O DIÁRIO

Johann Wolfgang von Goethe (1749-1832) deu o sinal de largada para o romantismo mundial, com o seu *Werther* (1774), um surpreendente romance fragmentário que conta a história de um jovem que se apaixona pela namoradinha do amigo dele... Foi o furor teleliterário da época, início da revolução industrial e da ascensão da burguesia. Goethe, depois, evoluiu para moldes mais clássicos — mas nem por isso a sua obra perdeu em ímpeto ou importância, tal como havia acontecido com Bach, que revolucionou a música, regredindo... Abordou todos os gêneros e chegou a escrever uma *Teoria das cores* (1810), que suscita interesse até em nossos dias. Romances como *Afinidades eletivas* (1809) e *Wilhelm Meister* (1821); poemas como os constantes da coletânea *Divã ocidental e oriental* (1819); registros autobiográficos como *Poesia e verdade* (1833) despontam em sua enorme produção, que faz dele o Shakespeare da Alemanha. Mas o máximo de sua grandeza está no *Fausto* (I e II), trabalho de mais de quarenta anos. No *Fausto I*, o herói homônimo vende a alma ao diabo, seduzindo e danando Margarida (aquela do bem-me-quer/mal-me-quer...), entre outras coisas, em troca da juventude eterna; no *Fausto II*, recusa-se a entregar a alma ao demo, seduzindo-o e arrastando-o atrás de si, nas mais delirantes peripécias. Este "espírito fáustico", da aspiração humana infinita e de sua infinita luta, o filósofo Oswald Spengler, em seu *A decadência do Ocidente* (1918), contraporia às postulações marxistas. Que tenha sido considerado um semideus, ainda em vida (como ele próprio, de resto, se considerava...), não é de estranhar. O seu próprio nome parecia apontar para isso: *Goethe* é uma variante grafonética de *Götte* (plural de *Got*, "deus"). Nem por isso conseguiu ficar acima do bem e do mal. Seus poemas eróticos têm sofrido toda sorte de cortes e censuras e indigitações de apocrifia, mesmo em "autorizadas" edições relativamente recentes. Enriquece, assim, a já riquíssima fieira dos censurados morais, de Safo a Oswald de Andrade. Mas Eros, reprimido, sempre acaba por encontrar a sua saída rumo à luz do dia, se é certo, como quer Freud, que a civilização caminha de baixo para cima, rumo ao *software* das cabeças... É o que está acontecendo com a *erótica*, de Goethe. *Nur allein der Mensch/ Vermag das Unmögliche* ("Somente o homem/ realiza o impossível"), diz ele, em seu poema *O divino* (*Das göttliche*).

Texto básico: *Das Tagebuch*, Princeton University Press, Nova Jersey, 1969, com tradução, ao lado, de John Frederick Nims (trata-se de xerografia de publicação periódica acadêmica, que não consegui identificar).

Textos de apoio, traduzidos: *a*) *The diary*, tradução de John Frederick Nims, revista *Playboy*, edição americana, maio 1970; *b*) *O diário*, tradução de João Barrento, Lisboa, Apáginastantas Ed., 1986, em *J. W. Goethe*, *Erótica e curiosa*, seleção, versão e apresentação de João Barrento.

DAS TAGEBUCH

Wir hören 's oft und glauben 's wohl am Ende:
Das Menschensherz sei ewig unergründlich,
Und wie man auch sich hin und wider wende,
So sei der Christe wie der Heide sündlich.
Das Beste bleibt, wir geben uns die Hände
Und nehmens mit der Lehre nicht empfindlich;
Denn zeigt sich auch ein Dämon, uns versuchend,
So waltet was, gerettet ist die Tugend.

Von meiner Trauten lange Zeit entfernet,
Wie 's öfters geht, nach irdischem Gewinne,
Und was ich auch gewonnen und gelernet,
So hatt ich doch nur immer Sie im Sinne;
Und wie zu Nacht der Himmel erst sich sternet,
Erinnrung uns umleuchtetet ferner Minne:
So ward im Federzug des Tags Ereignis
Mit süssen Worten ihr ein freundlich Gleichnis.

Ich eilte nun zurück. Zerbrochen sollte
Mein Wagen mich noch eine Nacht verspäten;
Schon dacht ich mich, wie ich zu Hause rollte,
Allein da war Geduld und Werk vonnöten.
Und wie ich auch mit Schmied und Wagner tollte,
Sie hämmerten, verschmähten, viel zu reden.
Ein jedes Handwerk hat nun seine Schnurren,
Was blieb mir nun? Zu weilen und zu murren.

O DIÁRIO

De tanto ouvir, o ouvido vira crença:
O coração é um mistério sem fim.
De um modo ou de outro, não há desavença
(Pecamos sempre) entre você e mim.
Piscamos o olho — Que o Bem vença!
(Mas não precisa ser tão sério assim...)
Se à nossa frente pintar o Diabo
Sempre uma Força vai torcer-lhe o rabo.

Longe de casa — e dela! — há tantos meses,
Em busca do ouro, venal viajante,
Nada apagou — sucessos ou reveses —
Em minha mente a luz do seu semblante.
Tal como, à noite, os astros, muitas vezes,
Ditam palavras a um amor distante,
Uma Parábola do Amor Eterno
Pôs-se a brilhar nas notas de um caderno.

Tenho pressa em voltar, mas... acidente!
Quebra-se, na noite, a diligência,
Quando a cabeça estava à sua frente!
Mãos à roda! Vamos lá! Paciência...
Ferreiro, carroceiro, dura gente:
Manhas do ofício e da inteligência...
Martelam. Xingam. Ora, os meus resmungos!
Não há nada a fazer com os matungos.

So stand ich nun. Der Stern des nächsten Schildes
Berief mich hin, die Wohnung schien erträglich.
Ein Mädchen kam, des seltensten Gebildes,
Das Licht erleuchtend. Mir ward gleich behäglich.
Hausflur und Treppe sah ich als ein Mildes,
Die Zimmerchen erfreuten mich unsäglich.
Den sündingen Menschen, der im Freien schwebet
Die Schönheit spinnt, sie ists, die ihn umwebet.

Nun setzt mich zu meiner Tasch und Briefen
Und meines Tagebuchs Genauigkeiten,
Um so wie sonst, wenn alle Menschen schliefen,
Mir und der Trauten Freude zu bereiten;
Doch weiss ich nicht, die Tintenworte liefen
Nicht so wie sonst in alle Kleinigkeiten:
Das Mädchen kam, des Abendessens Bürde
Verteilte sie gewandt mit Gruss und Wurde.

Sie geht und kommt; ich spreche, sie erwidert;
Mit jedem Wort erscheint sie mir geschmückter.
Und wie sie leicht mir nun das Huhn zergliedert,
Bewegend Hand und Arm, geschickt, geschickter —
Was auch das tollte Zeug in uns befiedert —
Genug, ich bin verworrner, bin verrückter,
Den Stuhl umwerfend spring ich auf und fasse
Das scöne Kind; sie lispelt: "Lasse, lasse!

E agora? Ao longe, uma insígnia-estrela:
Estalagem! E não é das piores...
Surge uma moça à luz de uma candela,
Aparição que apaga os dissabores.
Saguão, conforto, escada — e eu atrás dela,
Até os aposentos — dos melhores!
Como a beleza fia, tece e enreda
Quem, com prazer, aceita a própria queda!

Cuido da ordem dos papéis, da pasta
E da atualização do meu diário,
Pois quando todos dormem, a mim basta
Registrar o prazer do imaginário.
Mas a palavra, antes fácil, se arrasta:
Secam a pena e o vocabulário.
A moça vem com a bandeja e a ceia;
Com jeito e graça, arruma, serve, asseia.

Ela vai, ela volta. E a conversa...
Quanto mais fala, mais interessante.
Trincha o frango, suave, hábil, tersa.
Mexe com a mão e o braço. Num instante,
Rebela-se uma coisa em mim imersa.
Turva-se o mundo. Pressinto um levante:
Girando na cadeira, salto e atraco
A moça: "Largue, largue!" (em tom bem fraco).

Die Muhme drunten lauscht, ein alter Drache,
Sie zählt bedächtig des Geschäfts Minute;
Sie denkt sich unten, was ich oben mache,
Bei jedem Zögern schwenkt sie frisch die Rute.
Doch schliesse deine Türe nicht und wache,
So kommt die Mitternacht uns wohl zu Gute".
Rasch meinen Arm entwindet sie die Glieder,
Und eilet fort und kommt nur dienend wieder;

Doch blickend auch! So dass aus jedem Blicke
Sich himmlisches Versprechen mir entfaltet.
Den stillen Seufzer drängt sie nicht zurücke,
Der ihren Busen herrlicher gestaltet.
Ich sehe, dass am Ohr, um Hals und Gnicke
Der flüchtigen Röte Lienesblüte waltet,
Und da sie nichts zu leisten weiter findet,
Geht sie und zögert, sieht sich um, verschwindet.

Der Mitternacht gehören Haus und Strassen,
Mir ist ein weites Lager aufgebreitet,
Wovon den kleinsteen Teil mir anzumassen
Die Liebe rät, die alles wohl bereitet;
Ich zaudre noch, die Kerzen auszublasen,
Nun hör ich sie, wie leise sie auch gleitet,
Mit gierigem Blick die Hochgestalt umschweif ich,
Sie senkt sich her, die Wohlgestalt ergreif ich.

"Velha megera, a minha tia se arrima
Em mim, e ouve e calcula cada passo,
Pensando embaixo o que se passa em cima,
Pronta a empregar a corda, a vara, o braço.
Não feche a porta: o amor não desanima:
À meia-noite, livro-me do laço."
Ligeira, recompõe-se-desvencilha,
E sobe-e-desce no estirão da milha.

Volta a servir e... o olhar da caipira!
Faíscam nos seus olhos mil promessas.
(Os seios) incham-se (suspira)
E ficam cada vez mais vivas essas
Manchas de sangue sob a pele, inspira-
Ação do amor, das inconfessas
Ânsias a fluir no rosto. Sem nada
Mais a fazer, hesita e... desce a escada.

Permeia a meia-noite a casa e a rua.
Que beleza de cama, que capricho!
Macia, ampla. "Mas não é só sua",
Murmura-me o amor lá do seu nicho.
Vou pra parede. Apago a luz? Recua
A minha mão da vela, assim que espicho
A orelha. Pés de seda. A porta. O vulto
Soberbo. Vem. Inclina-se. Tumulto.

Sie macht sich los: "Vergönne, dass ich rede,
Damit ich dir nicht völlig fremd gehöre.
Der Schein ist wider mich; sonst war ich blöde,
Stets gegen Männer setzt ich mich zur Wehre.
Mich nennt die Stadt, mich nennt die Gegend spröde;
Nun aber weiss ich, wie das Herz sich kehre:
Du bist mein Sieger, lass dich's nicht verdriessen,
Ich sah, ich liebte, schwur dich zu geniessen.

Du hast mich rein, und wenn ich 's besser wüsste,
So gäbs ich dir; ich tue ich's was ich sage".
So schliesst sie mich an ihre süssen Brüste,
Als ob ihr nur an meiner Brust behage.
Und wie ich Mund und Aug und Stirne küsste,
So war ich doch in wunderbarer Lage:
Denn der so hitzig sonst den Meister spielet,
Weicht schülerhaft zurück und abgekühlet.

Ihr scheint ein süsses Wort, ein Kuss zu grügen,
Als wär es alles was ihr Herz begehrte.
Wie keusch sie mir, mit liebevollem Fügen,
Des süssen Körpers Fülleform gewährte!
Entzückt und froh in allen ihren Zügen
Und ruhig dann, als wenn sie nichts entbehrte.
So ruht ich auch, gefällig sie beschauend,
Noch auf den Meister hoffend und vertrauend.

Ela se solta: "Permita que eu diga:
Não quero pertencer-lhe como estranha.
Não parece, mas nunca fui amiga
De sair com um e outro. Tamanha
Prudência sempre foi alvo de intriga.
Mas eu me conhecia: não era manha.
Mal vi você, você me conquistou.
Seja um mestre bondoso: aqui estou.

E se mais pura fosse, mais daria,
Como aluna exemplar: cumpro o que digo".
Estreitou-me nos seios, e sorria,
Como se só ali achasse um doce abrigo.
Aos beijos e aos bocados a comia...
Mas algo me falhava no meu código:
O Mestre Mastro dos piques ardentes
Teve um trauma escolar... batendo, os dentes!

Contudo, está contente só com um gesto,
Uma palavra, um beijo: é o que quer
Seu coração tranqüilo, sendo o resto
Dispensável (que sorte!). E esta mulher,
Ingênua, bela, num ceder modesto,
Entrega-se a mim como a um mister!
Nua, aninhada... eu só posso olhá-la,
Ainda esperando, do meu Mestre, a fala.

Doch als ich länger mein Geschick bedachte,
Von tausend Flüchen mir die Seele kochte,
Mich selbst verwünschend, grinsend mich belachte,
Nichts besser ward, wie ich auch zaudern mochte,
Da lag sie schlafend, schöner als sie wachte;
Die Lichter dämmerten mit langem Dochte.
Der Tages-Arbeit, jugendlicher Mühe
Gesellt sich gern der Schlaf und nie zu frühe.

So lag sie himmlisch am bequemer Stelle,
Als wenn das Lager ihr allein gehörte,
Und an die Wand gedrückt, gequetscht zur Hölle,
Ohnmächtig jener, dem sie nichts verwehrte.
Vom Schlangenbisse fällt zunächst der Quelle
Ein Wandrer so, den schon der Durst verzehrte.
Sie atmet lieblich holdem Traum entgegen;
Er hält den Atem, sie nicht aufzuregen.

Gefasst bei dem, was ihm noch nie begegnet,
Spricht er zu sich: So musst du doch erfahren,
Warum der Bräutigam sich kreuzt und segnet,
Vor Nestelknüpfen scheu sich zu bewahren.
Weit lieber da, wo 's Hellebarden regnet,
Als hier im Schimpf! So war es nicht vor Jahren,
Als deine Herrin dir zum ersten Male
Vors Auge trat im prachterhellten Saale.

Quanto mais eu pensava em minha sina,
Mais a alma fervia em xingamentos.
Sarreio, maldigo-me: cretina
Crise! Não há registro de momentos
Assim: primeira vez dos dois! Menina
Mais bela ainda à luz dos pavios lentos...
A moça que trabalha o dia inteiro
Prefere o sono, que é o que vem primeiro.

E ali, divina, em seu lugar na cama,
Como se a cama fosse lugar seu,
Prensava-o no inferno esta mucama:
"Nada neguei, você nada me deu".
Assim morre, de cobra, no Atacama,
Junto à fonte, o sedento, junto ao céu.
Ela respira e fala com seu sonho
E ele mal geme, tântalo medonho.

Tentando recompor-se ante o não-visto,
Disse a si mesmo: "Aprenda, seu palhaço.
Aí está por que se benze em Cristo
O noivo tenso quando cruza o espaço,
Rumo ao leito nupcial: 'Livre-me disto,
Do fracasso: prefiro o chumbo e o aço!'"
Ah, que saudade, quando a viu, então,
Esplêndida no esplêndido salão!

Da quoll dein Herz, da quollen deine Sinnen,
So dass der ganze Mensch entzückt sich regte.
Zum raschen Tanze trugst du sie von hinnen,
Die kaum der Arm und shon der Busen hegte,
Als wolltest du dir selbst sie abgewinnen:
Vervielfacht war, was sich für sir bewegte:
Verstand und Witz und alle Lebensgeister
Und rascher als die andern jener Meister.

So immerfort wuchs Neigung und Begierde,
Brautleute wurden wir im frühen Jahre,
Sie selbst des Maien schönste Blum und Zierde;
Wie wuchs die Kraft zur Lust im jungen Paare!
Und als ich endlich sie Kirche führte,
Gesteh ich's nur, vor Priester und Altare,
Vor deinem Jammerkreuz, blutrünstiger Christe,
Verzeih mir's Gott, es regte sich der Iste.

Und ihr, der Brautnacht reiche Bettgehänge,
Ihr Pfühle, die ihr euch so breit estrecktet,
Ihr Teppiche, die Lieb und Lustgedränge
Mit euren seidnen Fittichen bedecket!
Ihr Käfigvögel, die durch Zwitscher-Sänge
Zu neuer Lust und nie zu früh erwecktet!
Ihs kanntet uns, von eruerem Schutz umfriedet,
Teilnehmend sie, mich immer unermüdet.

Você se lembra? Em delírio, os sentidos
O elevaram aos píncaros. Na dança,
Ela voava em seus braços. Gemidos
Viravam sopros de ardor. Na esperança
De tudo, tudo crescia, envolvidos
Corpo, cabeça, a sua essência etérea
E — sobretudo — o Mestre da matéria!

Impossível conter tanto desejo.
Decidimos casar. Não houve flor
Mais bela, nesse maio. E o cortejo
Eram as nossas ânsias sem pudor!
Mesmo na igreja, aquele amor sem pejo
Não respeitou lugar, hora ou fervor:
Ante a cruz da Paixão — piedade, oh Deus
Ensangüentado! — o Mastro ergueu-se!

Ricas guirlandas do dossel nupcial;
Tapetes, almofadas, travesseiros;
Lençóis de asas de seda oriental,
Ondulando de gozo dias inteiros;
Pássaros na gaiola musical,
Ponteios do relógio sem ponteiros
— Guardiães do amor, defendam minha causa:
Ela vibrava sempre... e eu mal fazia pausa!

Und wie wir ist sodam im Raub genossen
Nach Buhlenart des Ehstands heilige Rechte,
Von reifer Saat umwogt, vom Rohr umschlossen,
An manchem Unort, wo ich's mich erfrechte,
Wir waren augenblicklish, unverdrossen
Und wiederholt bedient vom Braven Knechte!
Verfluchter Knecht, wie unerwecklich liegst du!
Und deinen Herrn ums schönste Glück betriegst du.

Doch Meister Iste hat nun seine Grillen
Und lässt sich nicht befehlen, noch verachten,
Auf einmal ist er da, und ganz im stillen
Erhebt er sich zu allen seinen Prachten;
So steht es nun dem Wandrer ganz zu Willen,
Nicht lechzend mehr am Quell zu übernachten.
Er neight sich hin, er wiee die Schläferin küssen,
Allein er stockt, er fühlt sich weggerissen.

Wer hat zur Kraft ihn wieder aufgestählet,
Als jenes Bild, das ihm auf ewig teuer,
Mit dem er sich in Jugendlust vermählet?
Dort leuchter her ein frisch erquicklich Feuer,
Und wie er erst in Ohnmacht sich gequälet,
So wird nun hier dem Starken nicht geheuer;
Er schaudert weg, vorsichtig, leise, leise
Entzieht er sich dem holden Zauberkreise,

Outras vezes, depois de um falso assalto,
Fazíamos um casal fora-da-lei,
A rir e a encenar seus "mãos-ao-alto!",
Entre transas e transas, em não sei
Que lugares, se planície ou planalto,
— Sem um cochilo do Senhor Meu Rei!
Mas agora, ex-monarca, você dorme,
Passando a mão neste tesouro enorme...

Dá-se que Mestre Mastro tem sua manha:
Não quer voz de comando ou de desdém.
E eis que, sem mais, já vejo que se assanha
E se levanta, magnífico! além
Do normal: não é hoje que tamanha
Sede vai matá-lo no oásis, bem
Junto à vertente (para a qual se inclina)...
Mas Ele, só por si, recua, declina!...

Quem foi que lhe retemperou o aço
Por um instante, senão a lembrança
Daquela a quem se uniu por laço e abraço?
Gostoso é este fogo, brasa mansa...
Recusou-se, a princípio; deu um passo,
Depois. Por fim, percebendo a lambança,
Saiu-se de mansinho, quieto e inquieto,
E saltou fora... por magia do afeto!

Sitzt, schreibt: "Ich nahte mich der heimischen Pforte,
Entfernen wollten mich die letzten Stunden,
Da hab ich nun, am sonderbarsten Orte,
Mein treues Herz aufs neue dir verbunden.
Zum Schlusse findest du geheime Worte:
Die Krankheit erst bewähret den Gesunden.
Dies Büchlein soll dir manches Gute zeigen,
Das Beste nur muss ich zuletzt verschweigen".

Da kräht der Hahn. Das Mädchen schnell entwindet
Der Decke sich und wirft sich rasch ins Mieder.
Und da sie sich so seltsam wiederfindet,
So stutzt sie, blickt und schlägt die Augen nieder;
Und da sie ihm zum letztenmal verschwindet,
Im Auge bleiben ihm die schönen Glieder.
Das Posthorn tönt, er wirft sich in den Wagen
Und lässt getrost sich zu der Liebsten tragen.

Und weil zuletzt bei jeder Dichtungsweise
Moralien uns ernstlich fördern sollen,
So will auch ich in so beliebtem Gleise
Euch gern bekennen, was die Verse wollen;
Wir stolpern wohl auf unsrer Lebensreise,
Und doch vermögen in der Welt, der tollen,
Zwei Hebel viel aufs irdische Getriebe:
Sehr viel die Pflicht, unendlich mehr die Liebe!

Senta-se e escreve: "Já chegava em casa,
Um contratempo me impediu. Retido
Em estranhíssimo lugar, a asa
Do amor fiel, ao seu querer querido
Transportou-me outra vez. Não mais se atrasa
O prazer. Uma lição sem sentido:
Só na doença é sadio o sadio.
E mais não falo — e nada mais adio!"

O galo canta. A moça logo arranca
As cobertas, se enfia num corpinho.
Estranha a hora e o lugar. E ali, tão branca,
Hesita, olha — e nem o vê, sozinho!
Evapora-se o vulto atrás da tranca,
Deixando nele um sonho... e um caminho.
Soa a trompa, se enfia na carruagem
E se deixa levar para a outra imagem.

No final de um poema, é bom pôr fim
A coisas menos sérias: um axioma
De moral sã sempre vai bem: por mim,
Acato a tradição, dizendo: A soma
De acertos e erros de um viver assim
Acidentado não é: ou-dá-ou-toma.
Duas alavancas movem nossa sorte:
Uma, o *dever*, outra o *amor* — mais forte!

DÉCIO PIGNATARI nasceu em Jundiaí (SP) em 1927. Poeta, suas primeiras publicações foram "Noviciado" e "Unha e carne", na *Revista Brasileira de Poesia*, em 1949. Formou-se em direito pela Universidade de São Paulo em 1951. Tradutor e crítico, foi um dos fundadores do concretismo no Brasil. Nos anos 60, ajudou a criar a revista *Invenção*, que teve cinco números publicados e atuava como veículo da poesia concreta. Foi membro-fundador da Associação Internacional de Semiótica, em Paris, de 1969 a 1984. Ao longo dos anos 70, 80 e 90, lecionou teoria da informação na Escola Superior de Desenho Industrial (RJ) e semiótica e comunicação na Faculdade de Arquitetura e Urbanismo da USP. Ainda durante os anos 80 e 90, colaborou como articulista no *Jornal da Tarde* e na *Folha de S.Paulo*. Publicou diversos livros de poemas, de crônicas e ensaios sobre teoria da poesia concreta, semiótica e comunicação, e um livro de memórias, além de traduções das obras de poetas como Apollinaire, Bashô, Baudelaire, Coleridge, García Lorca, Goethe, Heine, Horácio, Marguerite Young, Paul Valéry, Rilke, Wallace Stevens, entre outros.

COMPANHIA DE BOLSO

O cavaleiro inexistente
  Italo Calvino

Nove noites
  Bernardo Carvalho

Che Guevara: a vida em vermelho
  Jorge G. Castañeda

Cisnes selvagens
  Jung Chang

Agosto
  Rubem Fonseca

As dez maiores descobertas da medicina
  Meyer Friedman,
  Gerald W. Friedland

O livro das religiões
  Jostein Gaarder, Victor Hellern,
  Henry Notaker

O silêncio da chuva
  Luiz Alfredo Garcia-Roza

Auto-engano
  Eduardo Giannetti

Declínio e queda do Império Romano
  Edward Gibbon

O queijo e os vermes
  Carlo Ginzburg

A dança do Universo
  Marcelo Gleiser

Cartas chilenas
  Tomás Antônio Gonzaga

Gostaríamos de informá-lo
de que amanhã seremos mortos
com nossas famílias
  Philip Gourevitch

Dois irmãos
  Milton Hatoum

Uma história dos povos árabes
  Albert Hourani

O processo
  Franz Kafka

Uma história da guerra
  John Keegan

Cem dias entre céu e mar
  Amyr Klink

No ar rarefeito
  Jon Krakauer

Boca do Inferno
  Ana Miranda

Livro de sonetos
Nova antologia poética
  Vinicius de Moraes

Além do bem e do mal
Humano, demasiado humano
  Friedrich Nietzsche

Poesia erótica em tradução
  José Paulo Paes (Org.)

Livro do Desassossego
Poesia completa de Alberto Caeiro
  Fernando Pessoa

Retrato do amor quando jovem
  Décio Pignatari (Org.)

O povo brasileiro
  Darcy Ribeiro

Um antropólogo em Marte
  Oliver Sacks

O mundo assombrado pelos demônios
  Carl Sagan

O Evangelho segundo Jesus Cristo
A jangada de pedra
  José Saramago

O julgamento de Sócrates
  I. F. Stone

Estação Carandiru
  Drauzio Varella

Clarissa
Incidente em Antares
  Erico Verissimo

Rumo à estação Finlândia
  Edmund Wilson

1ª edição Companhia das Letras [1990] 1 reimpressão
1ª edição Companhia de Bolso [2006]

Esta obra foi composta pela Verba Editorial
em Janson Text e impressa pela Geográfica em ofsete
sobre papel Pólen Soft da Suzano Papel e Celulose